DER GEIST VON TURIN

PAVESE, GINZBURG, EINAUDI
und die Wiedergeburt Italiens nach 1943

トリノの精神

現代イタリアの出版文化を築いた人々

マイケ・アルバート Maike Albath
佐藤茂樹＝訳

明石書店

Der Geist von Turin
Pavese, Ginzburg, Einaudi und die Wiedergeburt Italiens nach 1943
Maike Albath

目次

凡例

＊（　）は、原著者の補足もしくは挿入的関係文の翻訳上の措置であり、原著に由来する。

＊〈　〉は、原文ではイタリア語のイタリック表記および原著者による強調箇所である。

＊〔　〕は、訳者による補足もしくは注記である。

＊イタリア語の発音を忠実にカタカナで再現する表記の仕方は採用せず、慣用があるものはそれに従った。

＊雑誌・新聞名の表記は、本書の性格を鑑みて原則として意味の汲み取れる邦名にし、原語のままの方がよいと判断したもののみ原語に沿ったカタカナ表記を採用した。

＊原著のラテン語と英語の個所には、ルビを付した。

序

トリノと言えば？　ユヴェントゥスという美しい名前のサッカーチームがまず浮かぶ、と言う人たちがいる。なるほど。フィアト自動車工業もトリノの企業だ。だが、他には？　産業都市、これはドイツに流布したイタリアのイメージとは一致しない。精神史的発展の結節点としてのトリノも、アルプスの北ではどちらかと言えば知られていない。知られているのは、せいぜいのところ、哲学者フリードリヒ・ニーチェが一八八九年二月三日にポー通りで精神的発作に襲われたくらいだ。

前世紀の二〇年代、トリノではピエモンテ啓蒙のアンカーたちと労働運動とユダヤ市民文化が出会った。高校教師たちと大学教授たちは、公然と反ファシズム的心情を表明した。ピエロ・ゴベッティとアントニオ・グラムシは新たな社会理論を展開し、人々の視線はフランスとアメリカに向けられた。ムッソリーニがイタリアをますます孤立へと導いていく一方で、三人のトリノの若者が雑誌と書籍で実験を試み、一九三三年、エイナウディ出版社を立ち上げる。第二次世界大戦後に主導的な影響力を発揮する左派エリート文化の誕生の時だった。その力の輝きは、単にイタリアにとどまるものではなかった。新たな思考領土の征服の始まりである。社は、自覚的に学問・文学の前衛を体現していた。エイナウディ社は、ドイツのズーアカンプ社文化をはるかに凌駕していた。エイナウディ社は、六〇年代に到るまでイタリアの精神生活の細胞核をなしていた。伝説の霧に包まれたアニエッリのフィアト王国は、この街にとってサヴォイア王家よりもずっと価値あるものとなっていたが、それと並んで、トリノでは密かにもうひとつの王国が発展していたのだ。エイナウディとその協力者たちの王国である。キリスト教民主主義的なイタリアの対極をなす王国であった。この社は、確固とした文字文化を象徴していたのである。そして、倫理的に一貫した姿勢をも。

本書『トリノの精神』は、この街の、この社の創設者たちの、そして彼らの交流の足跡の物語である。共通の未来像を抱いた友人たちが登場人物だ。そこには衝突があり、和解があり、愛があり、それに離別もあった。創成期の独創性は、当事者たちの多様さと表裏一体である。早熟でコスモポリタンのレオーネ・ギンツブルクはこの大それた企ての知的推進者であり、リベラルな大ブルジョア家庭出身のジュリオ・エイナウディは新たな理念に対する本能的直観の持ち主だった。作家チェーザレ・パヴェーゼは、私事では内にカタストロフを抱えながらも、些事を疎かにしない文献学者であり、心を捉えてやまない文学作品を書き、その中でひとつの世代全体が自分たちの姿を改めて認識させられた。レオーネの妻ナタリア・ギンツブルクは、プルーストの翻訳者にして厳格な原稿審査者であり、

『夜の声』『ある家族の会話』『愛しのミケーレ』のような大小説を書き、イタロ・カルヴィーノは社に自身の本と「他者たちの本」で紛うかたなき美学的プロフィールを与えた。エイナウディ社の作家や知識人にとって、重要なのは商業的成功を収めることではなかった。彼らは、国を変えることを望んでいたのだ。それも、書物の力をもって。

本書『トリノの精神』は、もうひとつのイタリアを思い起こす試みである。ベルルスコーニ時代のテレビ騒音にかき消されようとしている、物静かで小声のイタリアを。その精神は、まだ完全には消え去ってはいない。

二〇〇九年一一月　ベルリンにて

マイケ・アルバート

ホテル・ローマ

あるのは、狭いベッド、ナイトテーブル、黒い電話機、四〇年代のスタイルの赤い革装のひじ掛け椅子。実用本位で、簡素な外観だ。壁際にテーブル。テーブルの前にはストゥールがひとつ。窓は、裏通りに面している。静かだ。家具は当時のままです、とフロント係の女性が説明する。もちろん、ベッドは取り替えてありますが。内装はこの間に何度かリフォームされました。浴室はまったく新しいものです。他はすべて、そのままにしてあります。敬意からでもあります。そうは言っても、この部屋がホテル経営の一部なのは今も当時もまったく変わりない。

ホテル・ローマは、トリノの中央駅ポルタ・ヌオーヴァに直結するカルロ・フェリーチェ広場に面している。一九五〇年八月一六日、作家で出版社編集顧問のチェーザレ・パヴェーゼは、ローマからここに到着する。長年、我が家同然だったラマルモーラ街三五番地の姉の家には向かわない。それには実際的な理由があったが、一時しのぎの宿泊所が彼の気分に合っていたのかもしれない。八月一七日、彼はサント・ステファノ・ベルボにいる姉に宛てて一通の手紙を書いている。家族が休暇を過ごす町だ。「マリア姉さん、鍵は持っています。ここまでは、すべて順調です。ただし、明かりが点きません。ホテルに移りました。たいした出費ではないし、ここではすばらしくよく眠れます。二一日の月曜日なんかに戻ってくる必要はありません。最終日までそちらに居てくれてかまいません。シャツやスーツはここのホテルでクリーニングしてもらっています。リッチですからね。短編ひとつに三万リラも払ってくれたんです。(…)カステッラッツォの司祭〔義兄、グリエルモのこと〕には五〇〇〇リラ用意してあります。これで、引き続きほら話が説教できますね。本人くらいは信じているといいんですが。つつがなく過ごされますよう。僕の方は、氷の中の魚のように快適です。グリエルモによろしく。チェーザレ」

八月半ばのトリノは、突風が吹き抜けたようだ。フィアトの工場はまる一月閉鎖されたままで、学校は一〇月になってようやく再開し、開いている食料品店はなきに等しい。パン屋も閉まっていて、わずかにカフェが何軒か開いているだけだ。パヴェーゼは毎日をホテルで執筆と作業とで過ごし、ひとりふたりの友人に電話をかけ、幾晩かはラモルモーラ街に戻り、通りがかりに社を覗いてみるが、秘書ひとり海から戻っていない。八月二六日、土曜日、知り合いの地元新聞記者と出会う。その晩はホテルから通りを幾つか隔てたトラットリアで終え、特筆すべき出来事はない。ワインにパスタ料理、知り合い同士のおしゃべり。日付の変わる夜中に、パヴェーゼは自著『レウコとの対話』のある版をホテルの小さなテーブルの上に置き、書き込みをする。「僕はみなを許す、そしてみなに許しを求める。いいね？　あれこれ騒ぎ立てないでほしい。」二八服の睡眠薬をグラスの中でかき混ぜ、その液体を飲み、ホテルのベッドの上で身を伸ばす。痙攣に苦しみ、苦痛にのたうったに違いない。しばらくして右腕が落ち、床の上にだらりと垂れ下がる。夜の九時に部屋係のメイドが彼を発見する。

一九五〇年の晩夏に自死を選んだとき、チェーザレ・パヴェーゼは本来ならすべてを成し遂げていたはずだ。『トリノ三部作』の最後を飾る「孤独な女たち」で、彼は自身の文学的可能性の頂点に達したと感じていた。自分を誇らしく思うことさえできた。「今日、『孤独な女たちの間で』は、偉大な小説であることを発見した」と、前年の日記には記されている。そして、一九五〇年の六月にこの本が名高いストレーガ賞を受賞したとき、彼は成功の満足感を味わっていた。ジュリオ・エウナウディと運営するエイナウディ出版社も、すでにミラノとローマに洒落た支社を持ち、トリノに本社を構えるひとかどの組織であった。パヴェーゼは首都の支社をともに設立し、一九四五年には社全体の企画主任になっていた。戦後数年を経た今、事業は頂点に達したかに見える。エイナウディ社の書物は、公共の議論に刻印を与える。この出版社は、磁石のように、若い知識層を引きつける。みな、同伴者でありたいのだ。

法医学鑑定の後、パヴェーゼの棺はビアンカマーノ街の社屋に運ばれる。作家は自分の執務室に安置される。埋葬は、火曜日の午後。一六時だ。

自動車と工場

――ムッソリーニの台頭

　リンゴット方面行のバスは、ポルタ・ヌオーヴァ駅から出る。大きな丸窓を持つ駅舎の前面には、ローマ通りのアーケードが続いている。街の中心部のほとんどどの街角に立ってもそうだが、建築様式における街並みの完結性には目を見張らせるものがある。一六二一年以来、当局は立案者たちの構想を監視し、著名な建築士たちが形式の持つ発信力を尊重するように目を光らせてきた。サヴォイア家の王たちは、典雅な様式を欲したのだ。つまるところ、トリノは巨大な管理機構を備えた近代的な居城都市であった。そして、到る所に王侯の宮殿のように列柱廊やら何やらが並び立つことになった。それは、パリですら見られないものだ。すべてが考えつくされていた。碁盤目の街路の素っ気ない印象を和らげる教会、小庭園、噴水の出る井戸、騎士の乗馬像のある広場、等々。工期は一〇〇年続いたので、パラディオ様式の平明さとバロックの楕円曲線と古典主義の厳格な均衡の間の差異を探して回るだけで、何日も過ごせるほどだ。バスの窓からさえも、視線はアーチ形の正面入口や柱頭の眺めに絡み取られる。ニッツァ街まで来ると、住宅は次第に慎ましいものに変わる。ここで、合理主義の代表的技術者ジャコモ・マッテ・トゥルッコは、一九一六年からジョヴァンニ・アニエッリの委託を受けて、ミシガン州のハイランド・パークにあるフォードの支社に倣った新工場の建設にとりかかった。名称は、立地する街区からもらった。一九二三年、そのリンゴット工場の竣工式典が行われた。大きな窓が並び、ふたつの角櫓《すみやぐら》と屋上の試走路を備えた全長二キロメートルを超えるこの五階立ての建造物は、技術工学の進歩のシンボルとなった。厳めしく、一目瞭然で、凝縮的という印象は、今日でも変わらない。この工場は新式の流れ作業に合わせて考案され、垂直的な製造工程の原理に従って機能した。地階から五階にあるベルトコンベアーや屋上の試走路に到るまで、どの階でもそれぞれの生産の一工程が一貫して行われた。入り口の頭上からは、今なお〈フィアト〉の文字が睥睨《へいげい》している。今では、ショッピングセンターとホテルに変わっているのだが。

トリノ市民にとって、リンゴットは二〇年代には自分たちの町の卓越した近代性を立証するものだった。車専門誌『モートア・イタリア』には、こう記されている。「小さな町工場の残滓と最新のビルの建設用地の混在する郊外街区のはずれに、建築学的に首尾一貫したフィアトの工場が聳え立っている。外観の単純性を通して秩序の原理を具現化した、明るい色彩の類を見ない建造物である。(…)教会の様式と同様だ。この工場は、神性の追求を歴史のある瞬間において完了した。港とも、ふたつの方形の塔を持った巨大な兵器庫とも言ってよいほどだ。」この記者が施設を観察する目には、ほとんど宗教的な畏敬が込められている。建物前面の窓は、彼には巨大な動物の目を想起させている。「朝に大きなガラスの目の視線(そこには公平という無関心が映し出されている)に見下ろされて、労働者たちはキュクロプスの洞窟のような壁際で待っている。人だかりにつきものの無駄話もなければ、動きもない。彼らは、待っているのだ。すべてはすでに命じられている。変えられるものは何ひとつない。彼らは、命令に従っているのだ。恣意にではなく、英知に応じた命令に。だが、それもすでに規律の支配下にある。」

リンゴットは、人々に敬意を吹き込んだ。一万八〇〇〇人の労働者がこの工場施設に就労していた。この大群衆は、新たな、より近代的な社会の先触れの印象を与えた。社会学者のピエロ・ゴベッティは、トリノの左派のうちでもっとも知的で、もっとも注目すべき頭脳のひとりだが、この建物の竣工式の直前に、自身の主宰する『自由主義革命』誌に次のように記している。「産業指導者(自らを――言葉の経済的な意味において――市民的と呼ぶことのできる唯一の者たち)の知的な小グループのたゆまぬ努力のおかげで、戦争勃発時のトリノには、少なくとも当初は、真に近代的な産業が存在した。戦争が働き口を増やした。近代資本主義の孤高の勇士ジョヴァンニ・アニエッリによって、我が国のもっとも生産力のある企業のひとつが、すなわちフィアトが誕生したのである。この工場は、都市生活の変動を引き起こした。（…）戦時中に、トリノは〈正真正銘〉の産業の中心都市となった。それは、少数の天才的な男たちが選り抜きの精神と才能によって掌握した貴族的な産業であり、高度に専門化された産業であって、経済機構における不可欠な細胞のひとつとなった。国土全域に事業を拡大していたら、この産業はこの国に近代国家という性格を付与したに違いない。」ゴベッティは、一九〇一年には、リソルジメントの思想遺産を受け継ぎ、主宰する雑誌で新たな政治的階層を形成しようとしていた。知識人に繰り返し義務を説き、政治的指導層の欠如を嘆いては、台頭するファシズムに公然と反対の立場を表明していた。念頭にあったのは、自由主義革命である。イタリア統一の出発点となった地域として、ピエモンテは特別な歴史的責任を負っている、というのがゴベッティの考えだった。トリノは一八六一年に最初の国会所在地となり、しかも三年半にわたって統一王国イタリアの首都であり続けたが、これは、サルデーニャ・ピエモンテの大臣で、統一の大いなる立役者であるカミッロ・ベンソ・ディ・カヴール伯（一八一〇～一八六一）に負うところが多かった。一八四八／四九年の革命が挫折した後、カヴール伯はピエモンテの憲法に基づいて議会主義体制を樹立し、近代的な経済政策を推し進め、王国を世俗化した。この実践的なピエモンテ人は、君主制主義的な問題解決を好み、サヴォイア王の王冠下のイタリア立憲国家を目指して邁進した。とはいえ、ジュゼッペ・マッツィーニを中心とする共和主義的・民主主義的グループの現実離れした熱狂とは、一線を画そうとした。その代わり、彼はナポレオン三世とうまく手を結び、フランス軍の援助を得て、ソルフェリーノとマジェンタのふたつの対ハプスブルク戦争に勝利した。だが、ナポレオン三世はすべての協定に反してオーストリアと仮講和に合意し、それによって、計画されていたイタリアの再編は無効になってしまう。しかしこの時、トスカーナ、モデナ、パルマおよびエミーリャ・ロマーニャの有力者たちが蜂起した。上からの統一と中部イタリアの併合の後、自由の闘士ジュゼッペ・ガリバルディは一八六〇年五月に一〇〇〇名の兵を率いて出港し、シチリアと南部一帯を征服した。ローマだけは、フランス部隊の保護の下で引き続き教皇が統治していた。一八六一年の春、新国会がトリノで招集され、ヴィットリオ・エマヌエーレ・ディ・サヴォイアが〈イタリア王〉の称号を受ける。一八四八年のピエモンテ規約が憲法の根拠となり、イタリアは統一された。しかし、それは国語を欠いた国家だったのだ。今日、統一の遅れと南北の元来からの亀裂について考えるとき、この事実はたいていの場合、完全に忘却されている。標準イタリア語を駆使できたのは、住民の二・五％にすぎない。教養層でも、イタリア語は自明のものではなく、そのために国会では当初フランス語で意思の疎通が図られたほどだ。それでも、ダンテ、ペトラルカ、ボッカッチョ、マンゾーニによってイタリア文学なるものは存在したのだが。七五％の非識字率では――しかも南部では九〇％、ピエモンテとロンバルディアでは五四％に及んだ――この劇的な状況を変える術《すべ》は何もなかった。そして二〇世紀に到るまで、小学校では主として方言が話されていたのである。教育大改革に打って出たのは、まさにピエモンテ人政治家たちであった。一九二一年には、ピエモンテの非識字率は一三％以下に減少した。その一方で、中部および南イタリアでは、今なお五〇％を上回る。

アニエッリがニッツァ街のこの建物の竣工式典を行ったとき、フィアト社は創業二〇年を超えていた。社の創設は一八九九年、自動車狂の貴族のグループと実業家による。創業時のごたごたの後、弁護士のアニエッリが単独の所有者となった。第一次世界大戦がこの企業に強力な推進力を与え、アニエッリはそれを賢く利用し尽くす術を心得ていた。イタリア語でいう〈ラ・グランデ・グエッラ〉はこの国の政治的分水嶺であり、ムッソリーニの台頭の前提条件である。第一次世界大戦の一五年前には、リベラルなピエモンテ人ジョヴァンニ・ジョリッティ（一八四二～一九二八）が、巧みな〈トラスフォルミズモ〉の実施、すなわち反対派の諸勢力を政権に参加させる政策によって、若い国民国家の路線を確立していた。選良主義への愛着が強かったにもかかわらず、ジョリッティの内政はどちらかといえば開明的であった。この首相は、いわゆる〈統制された〉資本主義を支持し、学校改革と全成人男性への選挙権の導入（一九一二）によってイタリアの民主化を促進し、穏健カトリック勢力と社会主義者勢力の結束に尽力していた。しかし、周辺部では当時すでに急進化が始まっていた。アニエッリは、当然のことながら、ジョリッティの信奉者で、それによってトリノの企業家の大半の立場を反映していた。イタリアにはほとんど存在しなかった種の、公益の意識を強く持った市民階級という立場である。それは、政治的には穏健で、改革に対しては開かれており、実践的で、機能化された制度に価値を置き、労働者との協議には対話を重視するものであった。とはいえ、社会主義者が勝利する選挙区が増すにつれ、彼らはその政治的影響力を恐れるようになった。この間にトリノの内政をめぐっては下請け業者からなる一種のマンチェスター包囲網が形成されていたからである。住民数は、三〇年間に四倍の四二万七〇〇〇人に膨れ上がっていた。

第一次世界大戦によって、和解的な〈トラスフォルミズモ〉のシステムもその後、危機に陥る。一九一五年まではイタリアは中立にとどまっていたが、五月二三日、戦争を宣言するに到った。反干渉主義の議会多数派の意に反してである。その背後には、武力外交上の打算があった。四月二六日のロンドン秘密条約では、オーストリアを犠牲にした新たな領土がイタリアに約束されていたのである。平素はむしろ官能的な小説で知られる作家ガブリエレ・ダヌンツィオは、高揚して大演説を行い、「もっとも偉大なるイタリア」を唱える。同様に声高に名乗り出たのは、当時まだ社会主義的な雑誌『前進！』の編集主幹だったベニト・ムッソリーニであった。ムッソリーニは、一八八三年、ロマーニャに鍛冶屋の息子として生まれ、もとは小学校教師だったが、何度かの刑務所暮らしを体験する波瀾万丈の青春時代を過ごし、革命派の社会主義者たちの間では有望株として通っていた。持ち前の厳つい身体つきに、髭をつるつるに剃り、きつ過ぎるシャツ姿で演壇に立って、電報スタイルで聴衆に語りかけると、聴衆を感激の渦に巻き込んだ。彼は、数十年来行政を牛耳り、常に妥協を模索してきたピエモンテ出身の髭面でしかつめらしい中年紳士のたぐいではなかったのである。政治とは、ムッソリーニにとっては、情熱であり感情であった。当初はイタリアの中立を擁護していたが、一九一四年一〇月にこの姿勢と関係を断ち、戦争の支持者に鞍替えする。これは、これまでの社会主義者の立場との決裂を意味していた。同志たちは、彼を除名する。しかし、この野心的なジャーナリストは、すぐに新たな支援者を、三週間のうちに日刊紙『イタリア人民』の設立を可能にしてくれる支持者を見つけ出す。この紙上で、ムッソリーニは参戦のキャンペーンを張る。「アウダーチャ（大胆さ）」と最初の記事には表題を付け、ジョルジュ・ソレルの「社会戦争」を論拠に持ち出して、救世主を自認した。イタリアはこの「壮大なドラマ」において単なる観客であっていいのか。それでは日々革命を裏切ることになる、と議会を罵った。実力行使に、彼はまったくのソレル的意味での集団的規律の革新の鍵を見ていたのである。

軍隊がお粗末で準備不足だった戦闘は、オーストリア・ドイツ軍がヴェネトのピアーヴェまで侵攻した一九一七年秋のカポレットでの戦いで悲劇の頂点に達する。戦争はかろうじて勝利に終わったものの、イタリアは七〇万人の捕虜と莫大な国家賠償金と通貨下落と大量失業の処理に追われることになる。戦争終結時と一九二二年の間に、六つのリベラル派と保守派の内閣が交代し、毎年のように選挙が行われたが、それで議会主義的統治形態への信頼が強化されたわけではなかった。イタリアは約束された領土の獲得権を一部認められたにとどまった。つまり、南チロルとトリエントとトリエステが加わっただけである。ダルマチアとフィウーメ／リエカは、あらゆる期待に反して失われた。ムッソリーニは、この状態をジャーナリズム的に利用する術に長けていた。彼は、『イタリア人民』紙上で悪意を込めて、高くついた勝利の後に来るイタリア人の「カポレット軟弱外交」を難じた。『コッリエーレ・デッラ・セーラ』のような市民的論調の新聞でさえも、過激な論調が高まっていた。人々は連合軍に欺かれたと感じ、人気の詩人兵士のダヌンツィオは「損なわれた勝利」というキャッチフレーズをこしらえる。かつての前線兵士たちは乱暴狼藉をはたいては、街頭を不安なものにした。ここに、戦後当初は孤立していたムッソリーニは自身の将来を見出す。革命的な精神と攻撃的な愛国心の不穏な混合を自分の利益に利用しようとしたのだ。未来派の者たちと協力して騒乱を引き起こすことも幾度となくあった。さらに、かつての〈アルディーティ〔「勇士たち」の意〕〉を味方に引き入れた。カポレットの敗戦後に立ち上げられた突撃隊兵士のことだ。〈アルディーティ〉は軍の階級外にあり、長いコートにニッカーボッカーと黒のシャツ姿で登場し、中間層の学生から新兵を募集採用した。この男たちがファシストの最初の武装戦力となったのである。「君たちは、賞賛すべき戦闘的なイタリアの若者だ。君たちの煌めくナイフと強烈な手榴弾が、我が国の偉大さの妨げとなっている哀れむべき敵の奴らに復讐を遂げるのだ。我々は後継者たる権利を有している。なぜならば、我々はイタリアを戦争に駆り立て、勝利へと導いたからだ！」こう言って、ムッソリーニは〈アルディーティ〉を駆り立てた。この集団は、やがて若者の偶像にのし上がることになる。

ファシスト運動の公的設立の日と見なされているのは、一九一九年五月二三日のミラノのサン・セポルクロ広場のホールでの集会である。そこで、ムッソリーニは〈ファッシ〉と〈スクアードレ〔「部隊」の意〕〉を公的な戦闘部隊〈ファッシ・ディ・コンバッティメント〉にまとめ上げた。〈ファッショ〉、複数形では〈ファッシ〔小枝の束〕〉の概念は、リソルジメントの民主主義運動に由来し、一九世紀の社会主義によって形成されたものであった。しかし、どんなに行動主義的に振る舞おうと、ムッソリーニは政治的策略の点では端っこに追いやられていた。大政党の支援が欠けていたからである。そこで努力の的は、ひとつだった。騒動を起こすことである。サン・セポルクロ広場での集会のほんの一か月後、『前進!』の編集部が襲撃された。ムッソリーニは、こう明言している。「内戦の最初の一駒が打たれた。我々〈ファッシ〉は社会主義的な新聞への攻撃の準備こそしなかったが、出来事への道義的な責任は受け入れるものである。」同じ年の七月二〇日と二一日に、ゼネストが宣言され、スクアードレの隊員たちは地方長官の同意を得て、労働者たちと争う。立ち上げられたばかりのカトリック政党の人民党とともに新たな大国民政党が生まれていたにもかかわらず、社会内部の緊張を中和する可能性はないかに見えた。

ムッソリーニだけが世間にアピールする演出に長けていたわけではない。一九一九年の秋、この若手革命家のお株を奪ったのは、よりにもよってひとりの詩人であった。前線でその実力を実証されているダヌンツィオはこの間に五六歳になっていたが、破壊活動の愛国者として振る舞い、自前の義勇兵とともに単独でフィウーメを征服したのである。「とどまることのない行軍。到着。月桂樹の香り。興奮錯乱」と、彼は日記にその成功を記す。民衆には熱狂的に迎えられたが、この人気作家は、併合によってまずはニッティ政権の退陣だけを手に入れようとしていた。機会あるごとに「臆病者」呼ばわりしていた政権である。数か月にわたってすったもんだし、内閣は物笑いの種にされた。撤退したら、イタリア中を動揺させかねなかったことだろう。ムッソリーニはその行動を自分の新聞で側面援護し、下品な言葉使いに輪をかけた。「フランチェスコ・サヴェリオ・ニッティ、臆病丸出しのブルボン家の大臣よ、我々はおまえの鼻っ面に一発くらわしてやる、イタリアのフィウーメ、万歳」が見出しであった。それでも、ムッソリーニは単純にダヌンツィオの言いなりになったり、彼と合流したりするつもりはなかった。自分の軍人的オーラを失うことを恐れたからである。いずれにせよ、フィウーメの戦争に執心した義勇兵たちにもやがて退屈が訪れる。前線など、どこにも存在しなかったからである。大々的なパーティに武芸競技、コカインに女で、若い男たちの気を紛らわす他なかった。ニッティの後継者ジョリッティは、一九二〇年の秋にフィウーメに「自由都市」の地位を与えるラパッロ条約をユーゴスラビアと締結する。ダヌンツィオの信奉者の大半は、この妥協に甘んじた。指導者自身だけが抵抗したが、そのために結局は一九二〇年のクリスマスにイタリア艦隊はダルマチアの港湾都市を自ら任命した独裁者の手から解放しなければならなかった。ダヌンツィオはフィウーメで、ムッソリーニが後に多くを継承することになる政治スタイルの実験を行っていた。バルコニーからの呼びかけ、大衆との質疑応答ゲーム、メシア的レトリック、祖国のための殉教者の演説、松明《たいまつ》の投入、ローマ式敬礼がそれである。ローマ・ギリシア式勝利の雄叫び「エイア・エイア・アララ（同じくファシストのレパートリーの一部で、今日でもサッカー場で耳にすることができる）」を、ダヌンツィオはすでにプーラの爆撃の後の一九一八年八月にスローガンにしていた。

戦争は、イタリアに強力な産業化の推進力を与えた。フィアトでは、就労者が一〇倍の四万人に膨れ上がった。ジョヴァンニ・アニエッリは、〈アメリカ労働総同盟〉の会長からすでに一九一五年には「ヨーロッパ自動車産業のナポレオン」と公言されていたが、軍需委託を受けていたにもかかわらず、拡張政策には慎重だった。そのために、彼の企業は戦後の時代を比較的損害を受けずに切り抜けることができた。軍の装備に責務を負っていたこともあり、新聞は彼を「祖国の救済者」と讃えもした。航空戦の古強者ダヌンツィオは、フィアト社の航空機エンジンを持ち前の美辞を弄する流儀から「トリエントを飛び越させたエンジンの神」と呼んだ。アニエッリには、これは受けなかった。一八六六年、トリノからほど遠くないピエモンテ山麓、ヴィッラール・ペローザの大地主の息子として生まれた彼は、田舎の男というイメージを育て上げた。一見すると控え目で純朴な物腰だが、彼はまったく新しいタイプの工場経営者像を体現しており、古い家長像と共通する点は何もなかった。彼のやり方は、進歩的で、極めて近代的だった。当初から、フィアトでは一種の連帯意識が支配していた。労働者たちの賃金はトリノの他のどの企業よりもよく、それに加えて、多くの厚生事業があった。開戦時まで一種の「労働者貴族」の育成に努力が払われ、再教育や昇進の可能性によってエリート意識が増進されてきたが、一九一六年を境に従業員の体質は変化する。生産リズムが速まり、アニエッリは新たな人材を雇用しなければならなかった。その中には多くの女性や周辺地域から来た元農夫たちも含まれていた。企業との一体感は減少した。政治化が始まったのだ。

経済発展と政治発展の協調がいかに複雑に形成されるかは、アントニオ・グラムシのフィアト評から読み取ることができる。〈プロレタリアのマキャベリ〉、一八九一年サルデーニャの生まれ、トリノ大学法学部卒、ゴベッティとの親交というプロフィールを持ち、第一次世界大戦中に社会主義者の大インテリにのし上がり、一九二一年以降は新共産党の指導者となった彼は、同じくトリノの精神の典型的な代表者である。彼は人々が〈ファッシ〉へとなだれ込むのを憲法の危機の表れと解し、すでに一九二一年には官僚組織の腐敗性を指摘して、「自由主義国家の死」を予見した最初のひとりであった。グラムシは、当時はトリノの週刊誌『新しい秩序』の編集主幹だったが、ピエロ・ゴベッティ同様、工場労働者の新しい組織形態を賛美していた。一九一九年には、こう書いている。「工場内の労働者評議会はプロレタリア国家のモデルである。(…)労働者評議会とプロレタリア国家のどちらでも、市民の概念は意味を失う。その代わりに、同志の概念が重要性を獲得するのだ。良質で、有意義な生産のために必要な協働は、連帯を強め、感情的絆と友愛を増大させる。誰もが不可欠で、誰もが適所にあり、誰もがその場所で自分の役割を果たすのだ。」工場は、グラムシにとっては、市民的・民主主義的な志向に対するもうひとつの選択肢を認識する政治的プロセスの胚細胞であるようだ。所有者を彼は、搾取によって計り知れない富を蓄積する新たなタイプの王たちのひとりと見なした。アニエッリが新たな工場を開設しても、その労働者たちが社会主義者であることに驚く必要はない。「ある地点において、ブルジョワジーからは、自分たちが解放した経済的な諸力を制御する能力は失われるだろう。そして、当然起こるべきことが、起こるだろう。」グラムシは、革命に賭けていた。ピエモンテの市民層にムッソリーニに対抗する同盟者を見つけることができたかもしれないこと、そしてこの可能性に目を向けなかったこと、これこそ、アニエッリがファシストの指導者を完全に見誤った事態とまったく同様に、二〇世紀の悲劇のひとつなのである。

一九一九年の秋、選挙が行われた。大勝利を収めたのは、大衆諸政党であった。社会主義者は、議会で単純多数に達した。第二勢力になったのは、新たなカトリック人民党であった。ファシストたちにとって、この結果は期待外れだった。一議席も獲得できなかったのである。「この国は、社会主義的だった。ただし、社会主義には、この国をどうすればよいのかはわからなかった。」社会主義者の議員ジャコモ・マッテオッティは、状況をこう判断している。結局は失敗に終わった数か月におよぶ提携交渉の後、一九二〇年、再度、高齢のジョリッティが登場し、政治的パノラマ全体を統合する組閣を行う。社会主義者は、入閣を拒否した。「ロシアで行われているように」というのが、それに代わるスローガンである。一〇月革命を拠り所に、市民国家の廃絶とプロレタリア独裁が喧伝された。改革は、問題外だった。社会主義者にとって問題なのは、全体革命なのだ。同時に、街頭や工場での緊張状態が増大した。〈ビエンニオ・ロッソ〉、すなわち一九一九年と一九二〇年の〈赤い二年間〉は、とっくにひび割れを起こしていたのである。前年より南部では繰り返し土地占拠の事態が生じていた。中部イタリアでは、生活物資の高騰に反対する民衆蜂起が起こった。トリノ、ジェノヴァ、ミラノおよびいくつかの中規模の都市では、工場が占拠された。九月一日には、トリノの企業家たちは市民に公開書簡を寄せ、警察が適切な時期に占拠に介入しなかったと指摘し、労働組合をこう非難した。彼らが行ったのは、「法と制度に対する犯罪的なプロパガンダであり、うわべだけ経済的論拠を持ち出したに過ぎない。そうしながら労働組合員たちは企業の基盤を覆そうとし、革命へと進もうとしているのだ」と。従業員たちは占拠において生産を停止したのではなく、自己管理の実験をしたのである。反乱の最盛期には、六〇〇の工場が五〇万人の労働者の手中にあった。トリノの知識人の中には、この事態に熱狂したものもいる。例えば、画家で後に作家になったカルロ・レーヴィだ。ピエロ・ゴベッティ周辺のひとりで、彼の雑誌のためにちょうど最初の論文を起草したところだった。九月九日には次のように記している。「ついに我々は英雄を得る。労働者たちが工場を受け継ぎ、操業し続けている。――全員ではないが、しかし、先頭にいる少数の積極的で勇敢なものたちが。彼らは、歴史を新たな、活気あふれる形へと導いていくだろう――彼らは英雄で、他の誰も我々に与えることができないものを、我々に与えることができるのだ。(…)我々は、彼らの側につかなければならない。我々が前もって労働者運動の活力を理解せず、我々が今猛烈に参加を望むこの運動から自発的に身を遠ざけてきたことを悲しまずにはいられない。大方の弱さや怠惰とは逆に、我々は今、新たな男たちのグループを有しており、彼らが権力を引き継ぐのだ。工場主たちは、死んだ。自分を守ることすら成し遂げられない。(…)労働者たちが日々解決している問題は、自分たちの規律の問題だ。我々は、時として生じる野卑で野蛮な局面にまごつかされてはならない。これは、新たな作品にまずは正しい受け止め方を教える仕事なのだ。だが、我々がよりよき人間やよりよき社会という滑稽なイデオロギーの後追いを急いでいる、と思わないでほしい。それでも、我々はよりよくなるだろう。公的な生活をあまねく支配してきた硬直状態から我々は目覚めたからだ。政府は古すぎるので、我々自身の生活を救うためには、葬り去らなければならない。」高揚した調子と力の祝典という点で、カルロ・レーヴィはムッソリーニからそれほど隔たっていない。

アニエッリは当時の企業家たちには稀な主導力を発揮し、フィアトを共同経営体へと組織変更すると申し出た。もちろん、そこには戦術上の考慮も働いていた。グラムシは『新しい秩序』誌ですぐに一連の異議を発表する。「彼が試みたのは」と、グラムシは書いている。「労働者評議会の運動を骨抜きにすることである。アニエッリは、労働者の利害を大企業と資本家の利害に組み入れたいのだ。」国家レベルでは、この件は体制危機に発展した。九月一一日、ジョリッティはミラノの地方長官に電報を打つ。「あなたが工場経営者たちに理解させなければならないのは、イタリア政府は企業家にわずかばかりの金を貯蓄させるためだけに警察力を発動させることはできないということです。それは革命を誘発するからです。警察力を導入したら、工場の破滅となるでしょう。私は、平和的な解決に信頼を寄せるものです。」結局は、その通りになった。賃金引上げ、有給休暇、労働条件の改善によって、占拠という事態は終息した。しかし、企業家、実業家、ホワイトカラーたちは、不快に感じていた。ペリッツァ・ダ・ヴォルペドの有名な絵《第四身分》にあるように、突如として第四階級の大衆と対決する事態となった。赤い二年間の後には、今や黒い二年間が始まったのだ。社会主義者の要求はあまりに抽象的で、党は多くの支持者を失望させた。同時に、ムッソリーニの〈スクアードレ〉と〈ファッシ〉は多くの場所で対抗テロを演じたが、それは黙認された。新聞（それはことごとく企業家の手中にあった）では、内戦もしくは社会主義革命に対する中産階級および上層階級の〈ラ・グランデ・パウラ〉すなわち大いなる不安が煽り立てられた。一九二一年五月の選挙では、ファシストはいわゆる「国民ブロック」の政府側の候補者リストに載り、自由主義者、穏健派、国家主義者は手を組んでそれに対抗した。同盟は二七五議席を得て、このうち四五議席はファシストと国家主義者に割り当てられた。社会党は一二二議席、人民党は一〇七議席、新設の共産党は一六議席を得た。秋になってようやくムッソリーニは、彼の〈モヴィメント〉すなわち運動を党に格上げする。国民ファシスト党が一一月七日にローマで結党されたのである。街頭での暴力行為は、なお続いた。一九二二年八月、社会主義者は、公的秩序に対するファシストの攻撃に抗議するために、ゼネストを呼びかける。スクアードレの隊員たちがその活動を挫折させ、ムッソリーニはその後援者として称賛された。将来のドゥーチェ〔ムッソリーニの称号〕は、国中到る所で戦闘的な演説を行い、ローマ進行を準備した。一〇月二六日以降、数多くのイタリアの都市では、地方長官官舎、派出所、郵便局、電報局がファシストによって占拠された。これに対する防衛行為は、皆無に等しかった。数年前には軍隊が秩序維持権力の一部として度々出動していたのだが。時を同じくして、二万六〇〇〇人の軽武装の黒シャツ隊員が首都に向けて進行していた。行動の指揮は、ペルージャからだった。ムッソリーニは、いざという場合にはスイスに逃がれるためにミラノにとどまり、電話で事態の報告をさせていた。大げさに演出された動員に対抗して、自由主義内閣は首相のルイージ・ファクタの指揮の下、最終的行動に打って出るつもりに見えた。ローマへの道路は、二万八〇〇〇人の政府軍によって遮断された。両陣営とも、状況が不明確なことを理由に、公然たる戦闘を回避していた。最後の瞬間に、国王は首相が戒厳令を敷くことへの同意を拒否し、それによって黒シャツ隊に降伏した。ファクタは、辞職願を提出した。ムッソリーニの計画が幕を上げる。政治と国王と産業との交渉の土壌を整えたのだ。ファシストの戦闘部隊が一九二二年一〇月二九日にローマに入場したとき、ヴィットリオ・エマヌエーレ三世はすでに彼に組閣を委託していた。その晩には、未来の首相は快適な寝台車に乗ってミラノから出発していた。彼の支持者たちは、その間に焚書や新聞編集局の破壊を行い、黒旗をもってローマの通りを行進した。一〇月三〇日の一一時三〇分に、ムッソリーニは国王の前に進み出て、こう言ったと称している。「陛下、遅れたことをお詫び申し上げます。戦場からまっすぐ参りましたもので。戦闘には、無血で勝利いたしました。」

ローマ進軍は、革命ではなかった。この行動は国家機構の間接的な支持もしくは黙認によって成功したからである。政治体制の擁護者たち（哲学者ベネデット・クローチェも含まれる）には、首相ムッソリーニなるものは比較的小さな悪に思われた。未だに社会主義者と共産主義者が最悪の妖怪と見なされていた。三九歳のもっとも若いイタリア首相であるムッソリーニだけに暴力的な〈ファッシ〉を抑える力があると信じられていた。形式的には、かくして合法的な政権交代となったのである。旧憲法、すなわち一八四八年のピエモンテ規約は、まだ効力を有していた。公認のファシストと並んで、ムッソリーニは国家主義者やカトリック教徒の代表者たちをも内閣に迎え入れた。ファシストが明らかに少数派である部会も廃止されなかった。行政機関や司法当局では、旧来のエリートたちが引き続き職にとどまった。ファシストにはその方面の専門的人材が欠けていたからである。就任後一四日目に、ムッソリーニは持ち前の猛々しい口調で有名な、あの露営演説を行う。この演説で彼は、いつ何時でも議場を兵士のための露営に変えることができると議員たちに思い知らせ、桁外れの全権の委任を求めたのである。これは、大多数をもって認められた。一二月には、後に「ディラルヒー」と呼ばれるものを作り出す。立憲政府と並ぶ影の政府で、彼に任命されたファシスト大評議会と民兵団から構成されたものである。翌年には、選挙法が改正された。最強の党が、少なくとも四分の一の票を獲得する限り、国会でも議席の三分の二を獲得して自動的に最強勢力になるというものであった。この法への反対は、皆無に等しかった。ファシストたちは、リベラル派の代表者たち、さらにはカトリック人民党とも選挙同盟を結んでいたからである。一九二四年四月の選挙では、ファシストはいずれにしても六五％に達した。同じ年の五月三〇日、社会主義者の議員ジャコモ・マッテオッティが、増大する暴力とテロに反対する勇気ある国会演説を行う。さらに、彼は選挙の無効宣言を提案した。数日後、彼は自宅玄関前で無理やり車に連れ込まれ、誘拐され、殺害される。アメリゴ・ドゥミーニなる男の指揮下の、あの〈ファッシ〉のひとりによる犯行だった。この犯罪が解明されたのは、戦後長らく経ってのことである。マッテオッティの死体は、四月一六日、ローマ近郊の森の中で発見された。怒りと恐怖が広まった。ムッソリーニの首脳部は、この犯罪に巻き込まれたかに見えた。数人の贖罪の山羊を押し立てたにもかかわらず、首相はこの悪評から逃れることはできなかった。全党の議員からなる一団がこれ以上国会の審議には加わらないことを決意し、法治国家の再建を求めた。しかし、アヴェンティーノ連合（「古代ローマの故事に倣って」そう自称していた）の国会議員たちは、それ以上何の政治的主導権も発揮することはできなかった。スクアードレの隊長たちはドゥーチェの弱腰を非難し、二度目のローマ進軍を行うと威嚇する。企業家連盟〈コンフィンドゥストリア〉は、次のように表明した。「ファシズムが秩序と安寧と、円満で利益をもたらす労働の可能性の一要素である限り、産業界は政府の側に立つだろう。しかし、万が一、ファシズムが――間接的であれ――反秩序の一要素となり、動揺と騒乱状態を出来《しゅったい》させ、無思慮なストライキを招来させるならば、政府は我々の同意をもはや見出すことはないだろう。」新聞では、反ファシズムの大合唱が起こり、公然と経済エリートのためらいがちな態度を攻撃する。「企業家たちの沈黙」とは、『コッリエーレ・デッラ・セーラ』紙のある記事の表題である。

政権がマッテオッティの公的な埋葬式を禁じたにもかかわらず、議員の故郷への遺体の移送は最大の反ファシスト・デモンストレーションとなった。北方への鉄道線路に沿って、数千人の抗議者たちが集結したのだ。ムッソリーニは、その時まで日を追うごとに人気を獲得していたが、憲法へと立ち返るべきか、それとも独裁を完遂すべきかの決断を迫られる。一九二五年一月、彼は国会に現れ、こう言い放つ。「わたしは、まったくのひとりでこの国会と全イタリアの国民に対して、起こったすべてのことに対する政治的、道義的、歴史的責任を引き受けるものとする。ファシズムが犯罪的な結社だとしたら、私はこの結社のトップに立つものである。暴力行為が現下の歴史的、政治的、道義的環境の結果だとしたら、私はそれに責任を負っている。戦争介入への私のゴーサインから今日に至るまで、この環境を作ったのは私なのだから。」反対政党は禁止され、発言の自由は制限され、統治機構は改造され、国会は無力化され、県を始めとする自治体の自律性は削減されて中央集権的に組織された国家に従属させられた。その一方で、警察は新たな全権を獲得した。最上位の国家機関は、今や大評議会であった。社会党の創設者であるフィリッポ・トゥラーティは、フランスへ逃れた。アントニオ・グラムシは、とっくに収監されていた。ピエロ・ゴベッティは、スクアードレの隊員たちに再三容赦なく叩きのめされ、それが原因で一九二六年に死去した。ローマ進軍の四度目の記念日には、ドゥーチェ政権の制度的基盤は完成していた。

外国は、ムッソリーニに好感を抱いた。『ニューヨーク・タイムス・マガジン』は、すでに二〇年代の初めからこの新たな「獰猛で、威勢のいい」政治家に魅了されていた。ドゥーチェは自分を成功者、誠実な家父長、国父、冒険家、上半身裸のスポーツマン、女性誘惑者として演出する術を心得ていた。ムッソリーニの愛人、ヴェネチアのユダヤ人、マルゲリータ・サルファッティによって、一九二五年、狂信的な最初の伝記が出版される。その『統帥《ダクス》』は、新世界でもベストセラーになった。『ニューヨーク・タイムス』は、「我々の世紀のもっとも興味深い政治的人物のひとり」に関するこの本を称賛した。一九二六年、アメリカ合衆国は高度の銀行信用を認めたが、これは独裁政権の安定に寄与し、イタリアに西側の銀行券発券銀行システムへの加入を可能にするものとなった。一年後、『タイム』と『フォーチュン』の創設者であるヘンリー・ルースは、実業家たちへの講演の席でこう漏らしている。「今日の世界における卓越した国家的規律の指導者の名は、ムッソリーニという。そして、私がこう言うのは、彼とはほとんどすべての精神的価値の原理の点で意見が一致しないにもかかわらず、なのだ。それでも、彼がイタリアに新たな大国への期待を抱かせたのは、事実だ。虚栄心を、彼は自己への敬意に変えた。渇望を愛国心に、退屈を政治参加に置き換えたのだ。」

この間に、フィアット社は決定的に指導的なイタリア企業へとのぼりつめた。戦時中の利益を、アニエッリはリンゴット工場の建設に投資し、加えて、すでに戦争終結前に競合するトリノの諸企業を併合していた。ムッソリーニの政権就任後、彼は独占の形成を促進する大企業に有利な新たな法律で利益を得て、さらに規模を拡張した。フィアットは三番目に大きい鋼鉄メーカーになり、乗用車、トラック、トラクター、船舶エンジン、飛行機エンジンを製造した。従業員数は、五万人に膨れ上がった。一九二五年と一九二九年の間に、この企業は年間約四万七〇〇〇台の乗用車（フォードは週当たり四万一〇〇〇台）を生産した。これは、イタリアの全生産数の七二％に相当する。国内市場は、フィアトにとっては小さすぎた。一九万台の自動車のうち、一三万四〇〇〇台は国外で販売されたものだ。アニエッリは、普段はすべての点でアメリカの後追いに急であったが、ローマ進行の後、民主主義的な信条を思い切って振り捨てて順応する。すでに一九二三年には、ムッソリーニは彼を上院議員に任命しているが、これが意味するのは、一種の休戦協定にとどまらなかった。とはいえ、道具として利用されることをよしとしたわけではない。イタリアに特有のコンセンサス文化を実地に適用したのである。アニエッリはドゥーチェと自分の良好な繋がりに全幅の信頼を置いていたのであり、彼とは男と男として意思を疎通させ合っていた。従業員にも工場管理にも、党は干渉しなかった。ファシズムの儀式は、表面上は実行された。その他の点では、独裁者はこの上院議員を多かれ少なかれ放っておいた。確かにフィアトは教会や王家のようには不可侵の施設だと感じさせるわけにはいかない、しかし「フィアトに対する正しい方針は、無関心のそれである」と、ドゥーチェは一九二七年にある内部文書に記録している。

一九二九年の世界恐慌でさえも、フィアトはある程度大過なく切り抜けた。イタリアの金融資本は、自身の利益を押し通すために、この危機を利用した。国家は工場と企業を支え、疲弊した銀行を援助した。アニエッリのムッソリーニとの関係は、良好であり続ける。フィアトは、政権の保護主義的政策によって利益を上げる。例えば、ドゥーチェは一九三〇年にイタリアにおけるフォードの工場開設を阻止した。フィアトは保護された独占体となり、アニエッリは四人か五人いるこの国の金融資本家の寡頭のひとりとなった。トリノの支社は、さらに、私用に適した車の生産に着手した。「黒シャツ隊革命」のちょうど一〇周年記念日の一九三二年一〇月に、〈バリッラ〉が市場に登場する。政権に対するオマージュである。ムッソリーニの青年組織がバリッラという名称だからだ。これは、一七四六年にオーストリア人に対する反乱の指揮を執ったと称し、イタリア的愛国心の権化としてすでに国歌において讃えられたジェノヴァの青年のニックネームであった。「ついに出た国民車、フィアトからイタリア国民への贈り物、バリッラ」と宣伝文句には謳われている。その後まもなく、よりにもよって、アメリカのコミック・キャラクターのミッキー・マウス（イタリアでは、〈トポリーノ〉という）が、これぞフィアト車となる新型小型車の名付け親になった。一九三六年、フィアトはトポリーノの生産を開始したのである。

哲学者ベネデット・クローチェの娘でトリノを第二の故郷に選んだエレーナ・クローチェは、三〇年代の初めにアニエッリの印象を次のように描き出している。「このエネルギーの詰まった、成功にこれほど報いられた男を前にして、我々はこう自問した、自分の莫大な財産を彼は何に役立てるつもりなのか、彼の野望は何なのだろうか、と。成功の倫理は、それに相応したピューリタン的な偽善的な態度と結びついて、近代的企業家である彼のアメリカ的なイメージの一部であったが、これは輸入されたものであり、イタリアの現状とは何の関係もなかった。イタリアは雇用者として居を定めるだけの場所であり、他の金融巨人たちとの競争の拍車がそもそもないところなのだから。（…）偽りの慎ましさで、彼はあらゆる文化的・政治的な事柄において完全な無垢を装っていた。けれども、彼が文化に対して軽蔑の念を抱き、政治には計算と危惧の念をもって接していたことを見抜くのに、多くは必要ない。彼の力はあれほどまでに強大だから、政治的に利用しなくてよかったのだ（そうする勇気もなかったのだが）。」

「奇跡は存在しない、ただ君たちの労働があるだけだ。」ドゥーチェは一九三九年に新工場の開設のためにミラフィオーリに到着したとき、フィアトの従業員たちに向かってこう呼びかけた。一〇〇万平米が、ヴィットリオ・ボナデ・ボッティーノによってデザインされたこの工場を囲んでいた。リンゴットと違って水平方向の原理からなり、二交代制で二万二〇〇〇人が働くことになる巨大な土地だ。この度は、リヴァー・ルージュのフォード工場がモデルだった。横断幕では、五万七〇〇〇人の労働者が彼らの「感謝と忠誠」を表明した。とはいえ、拍手喝采は控え目で、万歳の叫びには熱狂が欠けていた。その二年前、ムッソリーニへのある報告書には、「ベールで隠された敵意の間接証拠」が感じ取られる、と記されていた。「フィアトの金属労働者・職員の大多数は、党における形式的な連帯にもかかわらず、昔のまま、つまりは根っからの社会主義者と共産主義者である。集会を開くと、不平のつぶやきと衝突に終わる。」ドゥーチェの昇進にともなって、抵抗の文化も形成されたのである。新しい青年世代が一人前に成長したのだ。

エイナウディ出版社
――出発

彼らは〈同志兄弟会〉と呼び合い、近郊へ遠足をし、ボート漕ぎに行き、カフェに陣取り、互いの家を訪問し合い、〈ビンディ〉とか〈タス・エージェント〉とかのニックネームで呼び合っていた。ウォルト・ホイットマンの詩が気に入り、哲学者ベネデット・クローチェの著作を読んでいた。もっとも上質なエロチックな文章を書く競争をし、《ポルノテーク》のタイトルで冊子にまとめたりもした。要するに、高校生グループのありふれた活動だったのだ。一九〇八年生まれのチェーザレ・パヴェーゼ、ともに一九〇九年生まれのレオーネ・ギンツブルクとノルベルト・ボッビオ、これよりひとつ若いマッシモ・ミラとヴィットリオ・フォア、そして一九一二年生まれのジュリオ・エイナウディが、二〇年代の半ばに共通の教師アウグスト・モンティを通じてダゼリオ高校で知り合いになった。ピエロ・ゴベッティのサークルに属するモンティは、ありふれた教育者ではなかった。というのも、新しいファシズム的な教育理念はほとんど意に介さず、自分の生徒たちを鼓舞してそれぞれの適所へと駆り立てたからだ。生徒の中には大ブルジョワ環境の出身者もいた。ノルベルト・ボッビオは父が著名な医学教授であり、ジュリオ・エイナウディはリベラルな上院議員で経済学者のルイージ・エイナウディの息子だった。ヴィットリオ・フォアとレオーネ・ギンツブルクはユダヤ家系の出身者で、ギンツブルクはロシア人であり、オデッサの生まれだった。母親は、彼をヴィアレッジョに保養滞在させた後、第一次世界大戦の勃発に際して家庭教師に保護を任せてそのままイタリアに残し、そこで彼は成長することになった。レオーネは一五歳のときにすでにいくつかの外国語をマスターし、雑誌に執筆し、常に新たな理念を繰り広げていた。その莫大な知識に感銘して、友人たちが〈タス・エージェント〉と綽名したのは、彼のことだ。卒業資格試験を終えるとすぐ、最初の翻訳を発表した。トルストイの『アンナ・カレーニナ』である。ボッビオと同様に、レオーネ・ギンツブルクもまずは法学から始めたが、やがて文芸学、スラブ学、比較文学へと転じた。一九三一年にモーパッサンに関する論文で学業を終えるとすぐ、しばらくはパリに赴いた。そこで亡命イタリア人によって創設されていた抵抗運動〈正義と自由〉と接触した。トリノに戻ると、ユダヤ・カトリックの家系の出身で五人きょうだいのマリオ・レーヴィと親交を結んだ。父のジュゼッペ・レーヴィは解剖学の教授で、筋金入りの社会主義者だった。家族の中で最年少の妹はナタリアといい、一七歳で、物語を書いていた。最年長の姉パオラは、アドリアーノ・オリヴェッティと結婚していた。イタリアで最も注目に値する企業のひとつであるオリヴェッティ社の創業者カミッロの息子である。父親同様、社会主義理念に強く影響されて、アドリアーノは社を〔人間の顔をした資本主義という〕ひとつのプロジェクトと見なしていた。この国最初のタイプライター・メーカーは、危機の時代にあってさえも模範的企業であった。

ギンツブルクの偉大な指導者はナポリの哲学者ベネデット・クローチェで、すでに学校時代から詳細な手紙のやり取りをしていた。クローチェは直観による美学分析のモデルによって権威になっており、その厖大な影響力はアカデミックな世界をはるかに超えていた。二〇年代の半ばにクローチェ（一八六六年生まれ、一九一〇年以来上院議員で、ジョリッティの最後の内閣では教育相であった）は、すでに自由主義的な野党の内部で中心的な位置を占めていた。とはいえ、そこに到る道筋は一本道ではない。ヴィーコとヘーゲルの影響の色濃いこのイタリア新観念論の創始者は、弁証法的な段階モデルを用いて「異なるものの結合」を目指していた。この思考パターンは、〈トラスフォルミズモ〉によって同じく対立する立場間の結合に努めるジョリッティの政治姿勢と一対と見なされることが多かった。この類似は、かならずしも否定はできない。ピエモンテ首相と同様に、クローチェは、〈赤い二年間〉の後、国家が無政府主義に脅かされていると見ていた。彼はまた、第一次世界大戦へのイタリアの参戦を支持してもいた。彼の考えによれば、「戦争は民族の深い本能と情念に由来し、担われる」ので、「歴史の神的な法則」からは個人は誰も逃れることができないからであり、自国に勝利をもたらす一助を為すことは、自身の理想とまったく別に哲学者の義務なのである。グラムシは、それに対して『獄中ノート』で辛辣にこう述べている。「戦争中のクローチェの姿勢は、一方ではドイツ人とオーストリア人の武器を祝福し、他方ではイタリア人とフランス人の武器をも祝福しながら、それに矛盾を感じなかった司祭たちすべての長たる法王のそれにのみ比べることができる」と。クローチェは、当初、ファシズムの中に危機を克服し、より堅牢でリベラルな新たな国家の基礎を据える可能性を見ていた――それと引き換えに憲法が放棄されるはめになっても、である。国は主の祈りではなく、抑圧によって統治されるものである、とは、一九二三年に『イタリア新聞』紙のインタビューに答えて言った言葉だ。この確信を哲学者クローチェは、マッテオッティ殺害の後にさえも保持していた。大きな方向転換は、一九二五年一月のムッソリーニの政権掌握とともに訪れる。この時からクローチェはムッソリーニ体制を非として怯むことなく攻撃し、一九四三年の独裁者の失墜までその立場から逸脱することはなかった。一九二五年の四月、彼の論敵ジョヴァンニ・ジェンティーレは、ファシズム体制をイタリア統一運動の完成と捉える『ファシスト知識人の宣言』を公刊した。クローチェはそれに応えて、五月一日に反ファシズム知識人の反対声明を公表した。これには、一〇〇人を超える人数が署名している。彼は、雑誌『批評』を主宰してイタリアの倫理的良心となった。一九二九年、このナポリ人学者は、ムッソリーニが国家統一以来くすぶり続けたヴァチカンとの争いを終結させたラテラーノ協定に異議を唱えた。国際的にも大きな内政的成果を収めたと評価されたドゥーチェに対する面目躍如たる一撃である。法王はローマを政権所在地と認め、国家はそれと引き換えにヴァチカンに政治的・領土的主権を保証していた。世界のもっとも古い機関のひとつがムッソリーニに新たな合法性を取得させたのだった。ピウス一一世は彼を「我々の道に神意をもたらした男」と呼んだ。協定は、祝宴とミサで祝われた。クローチェはムッソリーニの権力政治的方策を見抜いたばかりでなく、上院でただひとり、リソルジメントの偉大なる世俗主義の伝統を損なうものだと嘆き訴えたのだった。

しかし、トリノの学生たちをクローチェに惹きつけたものは、これだけではなかった。この哲学者は、すでに世紀転換期から出版業者ラテルツァとともに学術的性格の新たな近代的書籍文化を形成していた。さまざまな哲学シリーズの編纂者として活動し、それらのシリーズは著名な専門家の導入部を備え、図表や事実に即した解明の点で旧来のものとは一線を画すものであった。

三〇年代初めのトリノでは、さまざまな環境が重なり合っていた。ユダヤの影響、ゴベッティのリベラルな社会主義理念、労働運動、市民文化などである。同時に、ファシストたちが影響力を得ていた。どのような美学的観念に体制が従っていたかは、竣工式を行ったばかりのローマ通りから読み取ることができる。どっしりとした切石の大理石柱、背景に未来派を思わせる〈リクトル塔〉、一棟の赤レンガの高層建築。ギンツブルクやエイナウディやパヴェーゼに自ら何かを創始する気にさせたのは、まさにこうした雰囲気の混合であったに違いない。一九三二年の一枚の写真にこの気分の幾分かを感じ取ることができる。スーツを着た四人の若い男たちが石垣に腰かけている。背後にしているのは、もやった風景だ。中央には膝の上にメモ用紙を広げているギンツブルク、その隣はフランコ・アントニチェッリとカルロ・フラッシネッリ。パヴェーゼはギンツブルクの左隣に幾分離れて座って、

向かって左から：チェーザレ・パヴェーゼ、レオーネ・ギンツブルク、フランコ・アントニチェッリ、カルロ・フラッシネリ。サント・ステファノ・ベルボの石垣にて、一九三二年春

待ち受け顔で友人の方を見ている。こちらは、もじゃもじゃの癖髪に鼻眼鏡で書類に目を凝らして、何が問題か正確に読み取ろうとしている様子だ。フラッシネッリも、ギンツブルクの方に体を向けている。フラッシネッリとアントニチェッリは、ともに三〇歳を超えていたが、ピエロ・ゴベッティの周辺にいたことがあり、小さな出版社を立ち上げたばかりだった。ギンツブルクの翻訳『アンナ・カレーニナ』は、ここの出版である。パヴェーゼも、翻訳の依頼を受けていた。フラッシネッリは著名な印刷業者で、法律家のアントニチェッリは、この写真では帽子をかぶり腕組みして何やら待ち受ける顔をしているが、経営の仕事に関わり、資本を提供していた。先の夢を抱くのは、レオーネ・ギンツブルクの仕事であったに違いない。

ジュリオ・エイナウディは、〈同志兄弟会〉のメンバーの中ではいちばん若かった。父が伝統ある雑誌『社会改革』の編集を彼に委ねたとき、ちょうど一学期間、意に反して農学を学んでいるところだった。ルイージ・エイナウディは、顧問として後ろに控え、息子に出版業の根本原理を覚えこませた。レオーネ・ギンツブルクと協同で、ジュリオはこの学術的専門誌を文学的かつ政治的雑誌に改編しようと決意した。一九二九年の経済危機の後遺症が行動に拍車をかける。議論を求める大きな機運が高まり、雑誌は公開の討論の場であった。一九三四年、この新たな編集者の下で白地を多く残した表紙に刺激的なデザインの第一号が刊行される。扉には、発行人：ジュリオ・エイナウディ、住所：アルシヴェスコヴァドの文字があった。商業登記簿への記載は、すでに一九三三年の九月には済んでいた。巻頭言には「憂慮すべきで複雑な様相を呈し、再び高揚の兆しを見せる瞬間に、解決がどの方向に進むかまだ甚だ不明瞭な出来事の解釈のための方向性を提供する」と述べられている。公然たる反対ではなく、時代の問題との対決が、打ち出した方向性であるように見える。定期購読者数は、数百から数千に増加した。さらにジュリオ・エイナウディはギンツブルクの提案を受けて、フランス、アメリカ、イギリスに読者を持っていたそれまでの『文化』誌の体裁を抜本的に改め、ギンツブルクとパヴェーゼと協力して人目を惹く雑誌に仕立て上げた。肝心なことは、とエイナウディはある手紙に記しているが、「読者がもううんざりしている文芸批評と美学の相も変らぬ駄文から解放されることである。」外国への好奇心は旺盛で、レオーネ・ギンツブルクは視野をスラブ世界へと広げた。パヴェーゼはイタリアではまったく無名のアメリカの作家たちについて書き、マッシモ・ミラは音楽、ノルベルト・ボッビオは哲学、画家のカルロ・レーヴィは美術史について書いた。ヒトラーの『我が闘争』は、酷評された。さらに注目すべきは、寄稿に謝礼が支払われたことだ。これは、イタリアの雑誌出版界では決して自明のことではなかった。この若い編集者たちは、新たなスタンダードを据えようとしたのである。すでに一九三四年一月、ジュリオ・エイナウディは、雑誌と並んで書籍の制作——赤字の相殺が特にその理由だが——を決意していた。それを助言したのは、またしてもギンツブルクである。エイナウディ社は歴史分野の出版に集中し、一九世紀に関するシリーズものを立ち上げるように、というのがその助言であった。それと同時に、『社会改革』誌で論じられたテーマに則って、経済問題に関する書籍の最初の数点が出版された。ギンツブルクに想を得た「歴史文化叢書」は、二番目のシリーズになった。ギンツブルクは、その上、ふたりの出資者を見つけ出してきた。アルシヴェスコヴァド七番地の出版社家屋は、どちらかと言えば貧相だった。倉庫に事務課、エイナウディとギンツブルクにそれぞれ一部屋があるだけ。こうして、エイナウディ出版社は誕生した。

ラ・モーレ・アントネッリアーナ
——ビアンカマーノ通り

トリノを訪れたものの目に最初に飛び込むのは、ラ・モーレ・アントネッリアーナだ。ドーム上の鉄塔、それはヴィットリオ広場の背後で鉛筆の先のように天に聳え、到る所から目にすることができる。突飛な建造物だ。教会のような印象を与え、同時にエッフェル塔を思わせもする。数十年にわたって人々の心を騒がせてきた。あらゆる逆風をものともせず、建築家アレッサンドロ・アントネッリは自らの遠大な構想に固執した。ぶれのない一途さゆえに、彼もまたトリノの未来志向を具現しているように見える。この奇妙な用途不明の建造物には、長い歴史がある。カルロ・アルベルト王の布告によって一八四八年以来すべての市民権を与えられていたユダヤ教区民は、一八五九年、アントネッリにシナゴーグ建立を委託した。この間、バロック様式の市の中心部を取り巻いて幅広い環状道路が成立し、トリノの〈オスマン化〔パリ大改造のような改造〕〉が取り沙汰されていた。アントネッリは、すでにいくつかの実績を残していた。彼の構想は、進歩的だった。住民の社会的混成を視野に入れていたからである。彼の建てる家屋は、一階と半地下に商店と小工場のためのスペースを設け、二階には家主が、それより上の階は勤め人や職人が住む造作になっていた。アントネッリは需要の多い建築家であったが、このモーレ〔普通名詞としては「巨大な建築物」〕においてはじめて持ち前の思い込みのスケールが人々の目に明らかになったのだ。彼は新式の壁構造を試み、正方形の下部構造を据え、それが徐々に多層の円錐形へと変わっていって、突然、予期せぬ高さに達する建造物を設計した。ユダヤ教区民は驚いてプロジェクトから撤退し、自治体が急遽代わりを務め、静力学者たちが計算を委託され、鑑定に鑑定が続いたが、アントネッリは再三の命令書をことごとく掻い潜って、世界でもっとも高い壁構造という自身の理念を実現する。高さ一六七・五メートルの塔を作り上げたのだ。モーレが最終的に完成したのは、それでも一八八九年で、息子の手によってであった。そして、五〇年代に起こったある雷雨の後に、壁構造の先端を鉄の構造物に換えなければならなかった。すでに世紀転換期のころには、この建造物は街のランドマークとなっていた。とはいえ、その用途を考えつくまでにはまだしばらく時間を要した。ここに映画博物館が越してきたのは、今から数年前のことなのだ。

トリノに帰ってきたときに誰もがするように、私たちもモーレを訪れて、ここから大学に立ち寄り、カステッロ広場の方角に足を向けよう。大通りと交差するカルロ・アルベルト通りには、ニーチェが一八八八年から一時期住んでいた。彼は、トリノに魅せられていた。ついに自分の趣味に合った街を見つけたのだ！　彼は、トリノを「手でつかめる」街と見なし、広場の荘重さを讃えた。彼の住まいのすぐ後ろには、鉄とガラスの天井を備えた商業パッサージュ〈ガッレリア・デッリンドゥストリア・スバルピーナ〉がある。ニーチェは、カステッロ広場のアーケードの下のカフェ（それらの内装は今でも当時のままだ）と同様に、それをとても好んだ。とりわけアーチの高さがこの哲学者を魅了した。ここには自分を圧迫するものがない、と彼は書いている。ニーチェは、どこに行ってもエネルギーを感じ、それを晴れた日には街を取り巻いて見えるアルプス連峰に由来するものと考えた。実際に、彼はそこにリソルジメントの末裔の存在を感じ取っていたのだろう。カルロ・アルベルト通りから、アーケードと騎手記念像があって、ジョルジョ・デ・キリコの絵のような趣のサン・カルロ広場までは、ほんの二、三歩に過ぎない。さらにウンベルト大通りの方角へ進むと、ビアンカマーノ通りに出る。これが、今日までエウナウディと結びついている住所である。出版社の入り口は、あやうく見過ごすほどだ。どっしりとした建物の側面の小さなガラス扉がそれだ。〈エウナウディ〉の文字とダチョウのエンブレムだけが、ここが七〇年代の終わりまでイタリアにおける文化の覇権大国だった組織の所在地であったことを示唆している。パヴェーゼが執務し、一九八三年の大きな危機まであらゆる出来事が起こった神話的かつ歴史的な場所は、ちょうどその対面にある。ビアンカマーノ街一番地の角地の建物だ。またしてもファシズム的建築様式の好例で、新古典主義的直線と大げさな雰囲気の組み合わせである。「オルド・レスタウラッツィオニス。レスタウラッツィオ・オルディニス（更新の秩序、秩序の更新）」という正面のラテン語の銘文も、畏怖を抱かせる。パヴェーゼの部屋があった二階の窓へと視線を向けたら、もうひとつの通りに面した狭くて飾りのない階段室に足を踏み入れてみよう。灰色のカーペットを敷いた床、コピー機、白い合板の受付カウンター、太り気味の女性の無味乾燥な実務的空間。彼女は、自分の居場所を休暇の写真や家族の写真で飾り立てている。彼女は私たちの来意を次の間の〈プレジデンテ〉に告げる。編集長と事務長を一緒にした役職だろう。数分後、秘書が私たちを迎えにきて、迷路のような廊下を通って、この建物のもっとエレガントな部分に案内する。ここには、大理石の階段やうねるような手すりや暗色の板壁がある。オフィスの並ぶ廊下を進み、一九二一年生まれで一九四五年以来エイナウディの下で活動したロベルト・チェラーティのドアの前に立つ。全身黒づくめで、ほっそりとして、幾分猫背の彼は、禅僧のような印象を与える。書かれた言葉に仕える僧侶で、エイナウディ信奉者たちはみなそう自認していた。

「そもそもすべては、アウグスト・モンティとともに始まりました。彼がいなかったら、私たちはまったく存在しなかったかもしれません。」ロベルト・チェラーティは、エイナウディ出版社にとってのピエモンテ精神の意義をこう説明する。「当初は、むしろ学校友だちの間のことでした。上院議員で大学教授のルイージ・エイナウディは、専門知識を備え、国の到る所で多大な尊敬を受け、資金力を持っていましたが、常に裏方に控え、息子のするに任せていました。」私たちはチェラーティのオフィスに陣取り、一九四五年前後の時代のことを尋ねてみることにしよう。「一〇年間、私たちは出版社というよりもひとつの家族でした。」まれにしかインタビューに応じず、まだ一度もテレビには登場したことのないエイナウディ社の古参はこう説明する。「有名な水曜会議の議事録をお読みになれば、会話は通常の会議のそれではなく、家族のメンバーのそれであることがおわかりでしょう。我々は何でも議論しました。新しい本、理念、だれか病気のものはいるか、何か必要なものはあるか、といったことです。個人生活と社の間の境はありませんでした。よく作家や大学人が加わりました。イタリアで地位と名声のある誰もが私たちの会議にやってきたのです。それにジャン゠ポール・サルトルやロラン・バルトも、です。私たちは、ひとつの集合体でした。夜遅くまでここにいて、それから一緒に近くのレストランに行ったものです。それどころか、ここのオフィスでよりも食事をしながら仕事をした方が多かったかもしれません。私たちは、ルターのテーブルスピーチの出版計画を持っていました。エイナウディがよく引き合いに出した本です。食卓での会話はもっとも着想に富んでいるものですから。何よりも自由で、精神のひらめきがあり、心が搔き立てられ、思いつきが語られて妙案になり、そんなところからひとつの企画が生まれるのです。私たちは、常に前向きでした。停滞したり、固定観念化したり、形骸化したりせず、プロセスであり、永遠の運動であり続けたのです。」エイナウディは最高の頭脳を結集し、編集顧問の間に刺激的な関係を作り出すことに成功しました、と続ける。彼にとっても新たな発見のためのもっとも生産的な環境であったようだ。「彼は人間に対する驚くべき勘を備えていました。とりわけ、自分より教養があるかどうかなどは、どうでもよいことでした。望んでいたのは、まったく逆のことだったのです。彼自身は、偉大な読者と言えるものではなかったのです。」ロベルト・チェラーティは、私たちに彼の人物像をそのように語る。短期間に成功を収めることは、エイナウディはまったく問題にしていなかった。探偵小説や娯楽文学の出版は、念頭になかっただろう。実業家として財布の紐が堅く、利益はすぐにまた投資に回された。「私たちの給与の支払いは、どちらかと言えば不規則でした。パヴェーゼだけが彼に抵抗することができました。ときどき自室のドアに〈編集長が誰々に給与を払うまで、パヴェーゼはストライキ中〉という看板を掲げていたものです。」それでも、今日世界的文学に数えられるベストセラーが再三出た。カルロ・レーヴィのバシィリカータに関するドキュメント的証言『キリストはエボリで止まった』(一九四五)、プリモ・レーヴィのアウシュヴィッツ史『もしそれが人間なら〔邦訳：アウシュヴィッツは終わらない〕』(一九四七、アントニチェッリ社：一九五三、エイナウディ社)、バッサーニの『フィンツィ・コンティーニの庭』(一九六二)、エルサ・モランテの戦争叙事詩『歴史』(一九七四)などだ。ロベルト・チェラーティは、売れ行き部数を熟知している。販売主任およびマーケティング主任として書店を担当し、シチリア島やサルデーニャ島の僻地の町にもエイナウディ社の書籍が行き届くように計らっていたからだ。

社の支配人のオフィスは、大きな白い机がひとつある狭い空間であり、壁にはエイナウディの献辞のあるイタロ・カルヴィーノの全業務書簡の額入りのポスターが掛かっている。タイトルは、〈他者たちの本〉である。他の作家たちは、私には自身の文学活動よりも重要である、というカルヴィーノの言葉が表装に引用されている。これは、初期の哲学にぴったりです、とチェラーティは言う。彼はまだパヴェーゼと知り合ったばかりで、少なくとも創設期のこだまを感じ取ることができた。もう一方の通りに面したパヴェーゼの部屋は、この部屋よりずっと小さいものでした、と彼は追想する。「木の机に椅子がひとつ、中庭に面した窓、飾りのない壁。私たちが今日使っているこのモダンなデザイナー家具ではありません。」パヴェーゼは、できるだけ簡素な備品を用い、ずっとそれは変わらなかった。「晩に食事に行こうとすると、エイナウディはいつも、ドアが開いているかを覗いてくるよう、私を彼のところに遣わしたものです。」ドアが閉まっていたら、邪魔しないでほしい、ということだった。「エイナウディは、パヴェーゼにとても敬意を払っていました。恐れさえ混じっていたかもしれません。」ロベルト・チェラーティは、一九四五年の四月にこの出版人がミラノで彼を見つけ出したとき、二〇代の始めだった。ジュリオ・エイナウディは造形美術家たちとの繋がりを求めていたので、再三チュニジア大通り二九番地のミラノ支社に画家たちを招いていた。「支社は住居と言った方がいいものでしたね。フロアでは娘のエレーナが三輪車で走り回っていました。そのときは、私は友人のお伴でした。画家のエンニオ・モルロッティで、エイナウディと面談の約束を取り付けていたのです。彼はぼんやり立っている私を見て、〈君は、ここで何をしているのだね〉と尋ねました。私は、〈何も〉と答えました。〈それじゃあ、明日また出直して、何もしないではなく、何かをしてくれたまえ〉と私に申し出ました。私は、そうしました。どっちみち大してすることはなかったからです。そして、御覧のとおり、いまだにここにいるのです。」今日まで、イタリア中にジュリオ・エイナウディにまつわる伝説が広まっている。持ち前の射貫くような青い眼とアングロサクソン風のエレガントに始まり、かつて愛した協力者を苛酷に切り捨てるまでに到る話だ。「一見すると、エイナウディはよそよそしい印象を与えたかもしれません。彼は、寡黙で、どちらかというと意思疎通の難しいタイプでした。彼を理解するためには、この地域、すなわちピエモンテの特異性を理解しなければなりません。ピエモンテの人間はすぐには打ち解けないものなのです。」自身もロンバルディアの生まれであるロベルト・チェラーティはそう説明する。「けれども、ここには長続きする強い地下水脈のような絆があります。そして、わが社が提供するのはまさにこれであり、ついにはこれが文化的な震源に、修了試験のない真の大学に、成績を付けない知的教養の精華にまでなるのです。」初期エイナウディ社の歴史の最初の大きな区切りは、一九五〇年夏のパヴェーゼの自殺であった。「私たちみなにとっての、トラウマです。パヴェーゼは有名で、多くの個人的繋がりを持ち、根本においてこの社の中心でした。けれども、彼は、私たちが当時さらに親密度を増すようなことをやってのけたのです。死が残されたものにとって持つ意味は、これでなくてはなりません。」

一九三四年、友人たちがまずもって直面していたのは、まったく別の困難であった。夢中で本や雑誌の実験にのめり込んだ後には、政治的諸組織との葛藤を避けることができなかったのだ。レオーネ・ギンツブルクは、引き続きパリのグループ〈正義と自由〉と接触しており、匿名で彼らの雑誌に記事を書いていた。その上、彼は、出版社の仕事と並行して、一学期間トリノ大学でロシア文学を講じていた。一九三四年、講師にも義務となっていたムッソリーニへの誓約を彼は拒否する。「敬愛する先生」と、一月八日に学部長に宛てて書簡を送っている。「ご承知の通り、わたくしはしばらく前より大学でのキャリアを断念しており、わたくしの講義の土台に技術的もしくは学問的条件以外のものを据えることを望んではおりません。したがって、上述の宣誓を果たすことは適いません。」これによって、彼の学術的なキャリアは終わりを告げた。他の社員たちの場合、公的慣行に示す態度は玉虫色だった。すなわち合法・非合法すれすれだったのだが、その理由は、多くの職業上のキャリアには党の一員であることがこの間に前提となっていたからである。ノルベルト・ボッビオは、一九二八年の兵役の招集を機にすでにファシスト党の一員になっていた。パヴェーゼは、家族の願いに応じて、一九二九年に同様に登録を済ませていた。やはり代理教師として給与を得ていたからである。この表向きの受諾には利点があった。例えば、チェーザレ・パヴェーゼは党員であるから『文化』誌の責任者でいられた。ファシズムに対する反対は、レオーネ・ギンツブルクにとってかならずしも「政府を攻撃することではなく、政府より多くの価値あるものを意識すること、すなわち対抗文化を主張すること」を意味していた。『正義と自由』誌に寄せたある文章の中で、彼は多くの同時代者たちのジレンマに理解を表している。「若い人々は、自立している。たしかに今は、家族が息子あるいは弟に自分の理念を持つことを認める贅沢を許容する時ではないが。」彼が警告したのは、体制批判者の側からのものも含めて、近視眼的な思い上がりだった。一九三三年、多くの職業集団に関わる、党員の新たな義務が公布されたことに機に、次のように記している。「少数のシニカルな知識人を除いて、市民はみな編入を強制されたことを恥じている。我々は彼らをさらに辱めるのを避けなければならない。(…)より困難な道を選び、他の人々のために協同すべく努めている我々には、彼らに限りない同情を表明する権利がある。そして、我々に可能な限りで彼らに寄り添う義務があるのだ。」それでも、ギンツブルクは過剰な順応に対してこう警告した。「あまりに長いこと着けていた仮面は、終いにはもう顔からはがすことができなくなる」と。

しかし、仮面的受諾と妥協の文化が優位を占めていた。少数のエリートが国のために尽力したリソルジメントとは違い、さらには同様に特定の階級に限定された労働運動とさえも違って、ムッソリーニは大衆の動員を目指していた。余暇組合〈ドポラヴォーロ（就業後）〉は、ボッチャ球技やフォークダンスやハイキングを政治的教化と結びつけた。ヨーロッパ中で見習うべきと称賛されて、〈ドポラヴォーロ〉は、一九三四年には〈力は喜びを通して〉の手本となった。党員手帳の所有者は、体制崩壊の直前には約六〇〇万のイタリア人を数えた。しかし、様々なファシズム組織に無理やり入会させられることも多く、そうした党員は全住民数四六〇〇万のうち二五〇〇万人に達した。ムッソリーニは一九二五年以前には一度も多数派を占めたことがなかっただけに、これは注目に値する。ドイツと異なり、ファシストの丸抱えと並行して他の勢力も存在したのだ。教会、君主政体、企業連合〈コンフィンドゥストリア〉、軍隊の一部、必ずしも反対派にはならずに自律性に固執する司法機関、がそれである。〈ドポラヴォーロ〉組織においても、例のイタリア的パラドックスが生じていた。体制が諸集団を戦争推進キャンペーンに組み入れようとすると、非政治的路線を引き合いに出して拒否するという、あれである。

社では、レオーネ・ギンツブルクが提唱した対抗文化の形成に尽力していた。この抵抗の構えに、社屋の新たなシンボルマークもぴったりだった。最初は雑誌『文化』に用いられ、今日までエイナウディ社の標章となっているものだ。嘴に一本の釘をくわえたダチョウをデザインしたもので、「スピリトゥス・ドゥリッシマ・コクイト（精神はもっとも過酷な事態にも打ち克つ）」の銘が書かれた銘帯に縁どられている。このシンボルマークは、一五七四年のノチェラの司教パオロ・ジョビオの著作に由来する。ダチョウは「教皇クレメンスの騎兵隊の親衛大尉であり、高貴な気性と囚われのない精神の持ち主」であったジロラモ・マッテイ・ロマーノの紋章であった、とその書には記されている。この起源は、どちらかと言えば禍々しい。ある殺人に対する復讐に因んでいるからである。とはいえ、「勇敢な心は力を持っており、時の流れの中でことごとく不正に打ち克つ」というアレゴリー的モチーフを読み取った方がよいだろう。エイナウディ社の社員は、このモットーを自分たちの目的に合わせて解釈した。困難な時代であろうと、精神の、もしくは文化の力によって、克服できないわけはない、と。

しばらくの間は、エイナウディのビッグネームが雑誌制作者たちを体制の追跡から守った。しかし、どれほど多くの避難所を若い編集者たちが見つけようと、私的領域の雰囲気がどれほど開放的であろうと、三〇年代初頭には政治状況は全体として耐え難いものになっていた。『文化』誌の多くの協力者たちは、今や〈正義と自由〉と連携していた。一九三四年の三月、ムッソリーニの秘密警察ＯＶＲＡ（反ファシスト監視組織）が攻撃に出た。ダゼリオ高校時代からの友人シモン・アマール・セグレとギンツブルクの腹心の友マリオ・レーヴィは、スイスとの国境の町ポンテ・トゥレーザで手荷物に入れたビラとももども追い詰められたが、マリオ・レーヴィは激流に飛び込んで難を逃れ、スイス側の岸にたどり着いた。シモン・アマール・セグレは投獄された。苦境の中で、彼はギンツブルクを抵抗グループの中心人物と名指しした。ギンツブルクは逮捕され、マリオの兄ジーノや父ジュゼッペ・レーヴィや教師アウグスト・モンティや何人かの知り合いも同様であった。とはいえ、主たる責任はシモン・アマール・セグレにではなく、ひとりのスパイすなわち情報提供者三七三号であるセグレの従兄弟にあったのだ。秘密警察は影響力の大きいトリノ市民層や大学界と関わることに一定の躊躇があったので、この人物は非常に好都合だった。ある文書には次のような記載がある。「この情報提供者は明らかに非常に知的で、仕事ができる印象を与える。疑わしき者たちの周辺にいても、誤解からかもしれないが、一度もファシズムに多大な共感を抱いたことのない人物として、また彼の交友関係ゆえに堂々と振る舞うことのできる人物として通用する利点を持っている」と。話題の人物は、ジャーナリストのディーノ・セグレ、別名ピティグリッリ、『コカイン』（一九二六）のような胡散臭い大当たりを狙った作品の著者、ポルノ作家としての名を馳せたトレンチコートに白ゲートルのダンディのことだ。彼のシニシズムは、反ファシズムと混同された。一九二八年、ピティグリッリはドゥーチェ侮辱と「不道徳」の理由で収監された。このベストセラー作家は、無実を証明して、再び自由の身になる。すでに当時、自らスパイを名乗り出ていたかは不明だが、一九三〇年から彼の名前はOVRAの給与支払名簿に現れている。世間の評判と縁故関係に護られて、彼はギンツブルクのサークルに紛れ込み、被疑者たちの出先や会合をことごとく記録してたっぷりの報酬を得ることができた。ピティグリッリの報告の背後には、探偵の執念に似たものがある。時折、他人の不幸を喜ぶ気持ちが見え隠れするのだ。丸一年をかけて、彼はレジスタンスの闘士と思しき、「ソンメリール大通り九b番地の不審者」の後を粘り強く追ったことがあった。OVRAがある朝七時にその建物を包囲して九〇軒を家宅捜査し、四七名を逮捕したが、そのときは、嫉妬深い父親の目を盗んで行われていた情事を除いては何も出てこなかった。残念なことに、ピティグリッリは〈正義と自由〉の実際の同調者を警察の手に売り渡しもした。『文化』誌に関して彼の報告書には次のよう書かれている。「それは、トリノの文化的反ファシズムのヤスリ屑がその周りに集まる磁石針である。」夫のジュセッペ・レーヴィの逮捕後、マリオの母リディア・レーヴィは援助の依頼先をよりにもよってともに収監されたシモン・アマール・セグレの従兄弟、すなわちピティグリッリに求めたのであった。

司法当局は、しかし、どのみちエイナウディ出版社に狙いをつけていた。調書には、『文化』誌は「〈正義と自由〉の秘密活動の仮装である」とあり、それに続いて「いわゆる反ファシズム・トリノ環境の知識人と反ファシスト」のグループとあった。パヴェーゼの党員登録も、純然たる陽動作戦と解釈された。ジュセッペ・レーヴィは、数週間後に、ムッソリーニの侍医と知り合いのふたりの医師の執りなしによって再び釈放される。大量逮捕の他の犠牲者たちは、引き続き待ち続けなければならなかった。ギンツブルクはシモン・アマール・セグレの活動にまったく関与していなかったにもかかわらず、責任を引き受けた。家族は、ドゥーチェに嘆願書を出すように勧めた。彼は、拒んだ。政治的な一貫性のなさは、彼にはふさわしくなかったのだ。審理の前に姉のマルッシアはファシスト当局に手紙を書き、弟に有利な印象を与えようと努めた。彼女は、ノルベルト・ボッビオを身元保証人に指名した。友人で、大学教授ルイージ・ボッビオの息子であるあなたなら、弟の「イタリア愛国心」を、しかも「彼の精神的姿勢のみならず学者の活動」に関しても証言できるはず、と。四年間の禁固を言い渡した一九三四年一一月六日の特別裁判所の判決には、レオーネ・ギンツブルクは「革命運動〈正義と自由〉のトリノの中心人物である」とある。刑務所――当初はトリノ、後にチヴィタヴェッキア――は、ますます政治化の度合いを強めた。レオーネ・ギンツブルクの指導の下、自分はそこで反ファシズムの学校を修了した、とシモン・アマール・セグレは後に記している。ギンツブルクは、多読だった。クローチェ、カッタネオ、バートランド・ラッセルを読破した。マルッシアや女友だちナタリア・レーヴィへの手紙の中で、彼は最新の事情を問い合わせている。フィレンツェのソラリア出版社はどうなっているか、フィレンツェやピサやトリノでは誰が教壇に立っているか、新しいバンデッロ版はいくらか役に立っているか、遂にスカラ座によい指揮者が着任したって！　パヴェーゼの詩はどうなっているか、などなど。

トリノでは、エイナウディとパヴェーゼと『文化』のその後の編集者のひとりであるカジューミが、短期間、三人だけで、雑誌や書籍シリーズを出し続けていた。しかし、一九三五年五月一五日、OVRAの大規模な手入れが行われた。今や、他の編集者たちをも拘束するための告発は十分にあったのだ。パヴェーゼ、画家のカルロ・レーヴィ、エウナウディ、ボッビオ、アントニチェッリ、ミラ、ヴィットリオ・フォアその他大勢が逮捕され、雑誌は発禁にされた。カルロ・レーヴィはバシリカータに流罪となり、そこから後に小説『キリストはエボリで止まった』を背嚢に入れて帰還することになる。出版社の活動は、まずは当分棚上げとなった。ジュリオ・エイナウディは、影響力のある父親のおかげでやがてまた釈放されるが、万事に慎重であらねばならなかった。とりわけ家族が友人たちを悩ませていた。母親の願いで、マッシモ・ミラは六月にドゥーチェに手紙を書き、許しを求めた。カルロ・レーヴィは、トリノの軍事部門の司令官に一九三八年六月二九日に次のような釈明を送った。「私はもっぱら私の芸術に専心しており、一度も政治に関わったことはありません。興味本位からすらもありません。」大学でのキャリアを救うため、ノルベルト・ボッビオも同じ道をたどり、「若気の過ち」を告白し、ムッソリーニに宛てた公的な文章で更生を誓う。こうした妥協に関しては、すべて上品に沈黙されている。一九三八年七月八日のボッビオの手紙が四五年たって公開されたとき、一九三九年来抵抗運動の活動家だったこのトリノの哲学者は印象深い記事で答えている。まったく忘れていた手紙を自分は非常に不快な気持ちで読んだ、とそこには記されている。自分は、二枚舌や嘘やへつらいを育て上げる全体主義体制の恐ろしい結果の一例である。独裁者に抵抗するためには、大いなる心の強さを持たなければならない。それこそ、当時の自分に欠けていたものである。自分には消し難い罪の責任が帰せられている、と。友人のヴィットリオ・フォアは、一九三五年に数年間の拘留の判決を下されたが、そのボッビオを自分自身にこう言い聞かせて弁護している。ファシストは要するに存在したということなんだ、〈ファッショ〉のメンバーだった者たちも、と。ボッビオは、ドイツ人の同世代者たちの多くと違って、非難に対しては率直で自己批判的に対応した。彼らもナチ政権との関わりを同様にずっと後になってから非難されたが、それでもこの関係は比較できるものではない。イタリアのファシズムは、ドイツの国家社会主義と著しく異なっていた。とはいえ、イタリアのファシズムは根本から洗い直して検討されることもはるかに少なかったのだ。その理由もあって、イタリアにはドイツのメディアでよく掻き立てられるこの種の倫理的ヒステリーは存在しない。

一九三六年三月、政権は特赦を公布した。レオーネ・ギンツブルクは二年間の勾留の後、刑期の前にトリノに戻り、そこで一九三七年まで警察の監視下に置かれる。それは、憲兵隊への毎日の出頭、日没後の外出禁止、出版活動の禁止を意味していた。エイナウディ社にはすぐに復帰し、その傍らトロッキーの『ロシア革命史』の翻訳にも従事した。情報提供者三七三号が言外に嫉妬を込めて述べているように、レオーネはあらためて友人サークルの中心になった。「ギンツブルクがこの連中にとって光であり、メシアであり、信じる者たちの言葉を体現していることは、以前のままである。しかも、二年間の勾留の後、ほとんど時局の情報に通じていないはずのこの人物から、あたかも真実を期待しているような観すらあった。」一九三八年、レオーネ・ギンツブルクはナタリア・レーヴィと結婚した。私たちは引き続きロベルト・チェラーティのオフィスにいて、エイナウディをめぐる人の輪の数少ない女性たちについて尋ねることにする。「ナタリアは、すでに家族を通じて文化的に極めて豊かなバックグランドをもっていました。」ロベルト・チェラーティはこの女性作家について追想してこう述べている。「控え目な人物でした。どちらかと言うと後ろに引っ込んで、ほとんど目立ちませんでした。けれども、社の業務に関して繰り返しあなたがたの注意を引くと思われる特徴がいくつかあります。この社は、平均的ではない人間たちで成り立っていました。彼らは自分の仕事を天職と受け止めていました。ミラもそうですし、パヴェーゼもそうです。ナタリアも、カルヴィーノもそうでした。その上、ほぼ全員が本を書きました。目録と首っ引きの昔ながらの出版人ではなかったのです。そうではなくて、それぞれが独自の小さな文化的中心をなしていたのでした。」

「僕はごくありふれた学生にすぎません」
――チェーザレ・パヴェーゼ

衣装は白い。襞のついた長いスカートだ。回ると、スカートは水平に翻って、彼女の脚をあらわにする。別の出し物では、キラキラした、腹部の露なタンクトップを身に着けて、頭に羽毛のついた帽子をかぶっている。観客の中には、スーツを着た一群の若い男たちがいる。その中のひとりは落ち着かない様子で、自分の髪をいじくりまわしている。一九歳のパヴェーゼだ。何度目かの上演の後、一九二七年の三月に彼は心を決めて、踊り子ミリーに手紙を書く。「きっと、あなたは見ず知らずの人間の手紙に唖然とするほかないかもしれません。もっと悪い事態を想定するほどでもないでしょう。失礼をお詫びして、あなたは僕を知らなくとも、僕の方はあなたをよく存じ上げていると申し上げます。でも、これももう不当な行為かもしれません。それでも、繰り返して申しますが、あなたのことは存じ上げているのです。遠くからではありますが。僕はあなたの跡を追い、長いこと見つめてはいましたが、あえてあなたに近づくことはできないでいました。僕が知っているのはあなたのシルエットであり、あなたの人生のほんの数か月であり、とりわけ、注意深い観察者がひとつの顔から推測するあなたの魂の幾分かにすぎません。僕があなたから知りたい無限のことと比べれば、なきに等しいものです。僕は、一九歳のごくありふれた学生にすぎませんし、あなたは遠く、とても遠く離れた世界にいます。どうしてここトリノで、あなたに話しかけることなどできたでしょう。あなたはいつも人々と連れ立っていましたし、そんなことをしても滑稽な印象を与えたことでしょう。（…）あなたの機嫌を損ねる不安から、僕の目の中に抱いているあなたの像を損ねる不安から、僕は今、あなたを取り返しがつかないほど失ってしまったのかもしれません。それでも、あなたが旅立ってしまった後も、あなたを忘れることはできないのです。新聞という新聞をくまなく探して、あなたが今ローマにいることを突き止めました。うまくあなたを笑わせることができなかったら、この手紙は部屋の角に投げつけてください。それで、終わりです。でも、もし僕が感じているものの、少なくともかけらほどのものが明らかになって、あなたがそれを理解してくださったなら、僕をこの疑いの中に放ったままにしないでください。ばかげた希望なのでしょうが、あなたからの好意的なお返事がいただけたら、何にも勝る幸福というものでしょう。僕に貸してくださる耳をお持ちなら、お話ししたいことは山ほどあるのです。いかがでしょうか。」ショートヘアの麗しのミリーは、パヴェーゼに返事はしなかった。もしかしたらこの手紙をまったく読んでいなかったのかもしれない。というのも、たいていは彼

チェーザレ・パヴェーゼ

女の兄が郵便を開封していたからだ。パヴェーゼはさらに二通の手紙を出したが、無駄だった。

ロベルト・チェラーティのオフィスの窓からは、ビアンカマーノ街一番地の隣の建物が見える。パヴェーゼが何年もの間出入りしていたビルだ。一九四五年にチェラーティが出会ったとき、彼はすでに三〇代の終わりで、著名な男になっていた。しかし、持ち前のはにかみ癖は、なくしていなかった。「パヴェーゼは、どこからどこまでもピエモンテ人でした。彼は自分の土地と深く結びついていると感じており、内気で人を寄せつけないところのある人間でした」と、エイナウディ社の支配人は語る。「彼は隅っこに引っ込んでいて、この典型的なイタリア的コミュニケーションの形をまったく身に着けませんでした。私は、ある詩の冒頭をとてもよく思い出します。〈村、それは孤独であること、とは違う……〉というものです。共同体の一員でありたい、何かもっと大きいものの一部でありたい、たとえ接触がなくとも、という望みを表していたのです。」自分の根源へのあこがれをパヴェーゼは生涯にわたって育み続けた。一九〇八年九月九日、彼はランゲの小さな土地サント・ステファノ・ベルボに生まれた。ランゲは、トリノ南部の憂鬱な丘陵風景の土地である。小さなブナの森と河川が、朝にはよく霧のかかる傾斜地のアーチ形を中断している。パヴェーゼは、それを我が〈南の海〉〔このタイトルの詩が一九三〇年に書かれた〕と名付けることだろう。ワインの産地で、バローロ、バルベーラ、バルナレスコなどは、ここの銘柄だ。パヴェーゼの家族は、彼が生まれるときまで長い間トリノで暮らしており、父親はその町で裁判所書記官をしていた。夏の数か月だけ、家族はいつもサント・ステファノ・ベルボに戻っていた。暮らし向きは、小市民的であった。そして母親にとっては、一九一四年の夫の突然の死とともに社会的下り坂との戦いが始まったのだった。彼女は、厳しさと近寄りがたさをもって応えた。パヴェーゼは、とりわけ六歳年上の姉の庇護を受けて成長した。高校では、教師アウグスト・モンティの中に自分の芸術的傾向を理解し促進してくれる人間を見出した。卒業資格を手中にしたとき、一九二六年八月にこの教師に次のように書き送っている。「感嘆ついでに、これをもって告白しますが、あなたは世界の誰よりも私が評価する教師です。やっと、恥ずかしがらずに、追従者と思われずに、あなたにこれを言うことができます。あなたが私の貧弱な表明をどう受け止めるかは、わかりません。(…)今は、あなたの手を煩わさないでおきます。他にもすることがおありでしょうから。でも、あえて返事はお願いします。気軽な返事でいいんですが。そして、私の仕事ぶりを監視して、批評し、叱責してください。(…)前々からあなたの持つ単なる教師以上の何かを愛しているのです。」彼はモンティに自分の読書――ホラチウス、オウィディウス、ゲーテ、シェイクスピア、ボイアルド、ボッカッチョ、そしてウォルト・ホイットマンのことは度々――について報告し、習作の試みを伝えている。とりわけ、ホイットマンのディオニュソス的自我と神的なエネルギーに貫かれた自然の様式化の捉え方は、この卒業試験合格者に強い印象を与えた。ホイットマンではごくありふれた人間が中心にあり、大衆文化への関連づけがあり、性的問題があからさまに主題とされている点が、彼には気に入った。方言の表象を野卑な言い回しとまったく同様に駆使するこのアメリカ人の言葉の振幅も彼を魅惑し、ホイットマンの自由詩の形式革新を自分自身の抒情詩の詩作に受け継いだ。ホイットマンは、彼には同時代のイタリア人の大半よりも感覚に訴え、表現力豊かに思われた。パヴェーゼはモンティに自分の美学的自己理解を表明し、自分には古典主義的すぎると思われる彼の芸術観に反論した。文学は病んでいなければならず、どこか病気と関係したものでなければなりません、と。選ばれたもの、貴族としての芸術家――〈デカダンス主義〉やダヌンツィオの影響が明らかにそこには感じ取れる。その後、彼は武装放棄した率直さを取り戻し、この年長者に自分の苦境を打ち明けている。一九二八年八月二三日付けの手紙にはこう記されている。「僕はニンニクのように元気で、何もすることがなく、下劣な生活を送っており、もはや魂の泥沼から抜け出すことはできないと気づいています。これより悲惨でない自分の何かを見つけるためには、どこに視線を向けたらよいのか、予想もつきません。ときどき、忌まわしい文学の断片がその結果としてできますが、自分ですら真面目に受け取ることができません。僕は新たな自分になるか、それとも死ぬしかないかという地点に来ています。わかってますよ、じゅうぶんに、あなたが答えるだろうことは。生きろ、文学は放って置け、大人になれ、子どもになれ、政治集会を組織しろ、なんてね。その他諸々も。でも、文学は僕をもうあまりにも深く飲み込んでいるんです。いいですか、僕は世界をもっぱらロマン派と未来派の間の一種の敵対関係に還元して捉えることができるんです。そして、僕は生に飛び込むことができないんです。だめなのです。生きるためには、力を持たなければなりません。理解して、選ぶことができなければなりません。それがまだ一度もできた験《ため》しがないんです。政治が何もわからないのと同じに、生の他の何やらも何もわからないんです。下手な文章を書き散らし、詩を吐き出し、そこに安らって〈これが俺だ〉と言えるような領分を手に入れようとするのですが、何者でもないことを自分に証明するばかりなのです。」

この自己嫌悪の一部は青年期特有の衒《てら》いかもしれないが、一部は本物であった。四半期のリズムで、パヴェーゼは新しい若い女性のとりこになった。ミリーが再びトリノで客演したとき、彼はその上演を見に出かけた。楽屋を訪れることはできなかった。「ついに僕は、彼女の唯一の魅力は舞台で踊ることの中にあるのを発見した」と友人のひとりに報告している。それでも、彼女の「愛らしさ、どこか冷酷な優美さもある子どものような無邪気さ」が彼を煩悶《はんもん》させた。ミリーは、相変わらず手が届かないものだった。次の対象は、ルティとかいう名だった。パヴェーゼは苦悩し、時折、そうした見せかけが気に入っていることを認めた。活動欲の旺盛なギンツブルクは、明確な政治的立場を持っており、彼に行動的な生の模範を提供した。けれども、パヴェーゼには自分の周りで起きていることにほとんど関心が持てなかった。ムッソリーニ体制だって？　彼にはまったく関わりがなかった。彼の気を自己破壊的な傾向から転じるために、モンティは一九二九年の夏にピエモンテのある貴族の家の個人教師の職を斡旋した。「ウラルの山から来た髭ライオン」のギンツブルクに、彼は二〇ページにわたってぎっしりと日々の様子を書き送っている。「親愛なる髭の君、君に大きな青い羽ペンで書いているが、これはたぶんダチョウの羽根だろう。僕が呼び鈴を鳴らすと、メイドが駆けつける。いつも別のメイドだ。彼女らをみんな捜し出すためには、きっと君のタス・エージェントが必要なくらいだ。(…)ここにいるのは、げっぷをするコンメンダトーレ叙勲の騎士殿と、食卓の用意が整ったことを取り次ぐ召使と、踏ん反り返っていてジャガイモの袋がそこあるのと変わりない生徒と、居間で腹を上にした子犬を膝に載せた伯爵夫人と、座ると靴下止めがむき出しになる令嬢（二二歳で、太腿が太い）と、糞とおまるの話ばかりして、〈魚をナイフで食う〉いちばん下の息子と、だ。どいつもこいつも互いに仲良く馬鹿だと罵り合っている。でも、僕たちはとても信心深くて、肩を並べてミサに行くんだ、農民たちによい例を示すためにね。」自嘲的に、彼は手の甲にするべき口づけをしくじって、時々肘の内側にしてしまった話も書いている。彼は自分の教養をひけらかすのが好きだった。アオスタの無能な公爵と皇太子ウンベルトの器量不足の悪口にはすぐ跳びついている。パヴェーゼは、小説の種を集めていたのだ。ある日、当の皇太子直々の訪問が告げられた。家中を磨き、銀器を並べ、従僕をふたり増やして、娘に「陛下はお茶をご所望におなりですか」という文を教え込んで備えた。そしていざ高貴な客を前にすると、お辞儀と美辞麗句ばかりの中身のない表敬に終わってしまったのだった。パヴェーゼはそこにヴィクトル・ユーゴーの小説の世界を見出した。〈ベル・エポック〉のトリノのひとつの姿だ。

一九三〇年、チェーザレ・パヴェーゼはウォルト・ホイットマンの論文で学業を終えた。兵役には持病の喘息のために招集されなかった。彼はニューヨークのコロンビア大学の奨学金に希望をかけた。その計画は頓挫したが、それでもなんとか翻訳の依頼を取り付けた。シンクレア・ルイスが皮切りであった。カルロ・フラッシネッリは、ユージーン・オニール、ジェイムス・ジョイス、カフカといった純然たる同時代作家や、一九三三年には『ミッキー・マウス』の最初のイタリア語版を出した出版人であったが、パヴェーゼにハーマン・メルヴィルの『白鯨』の翻訳を依頼し、彼はアメリカ作家の世界に深く浸かり込むことになった。エイナウディの雑誌には、シンクレア・ルイス、シャーウッド・アンダーソン、エドガー・リー・マスターズ、ジョン・ドス・パソス、セオドア・ドライザー、ウォルト・ホイットマンに関するエッセイを寄稿した。アメリカ、それはパヴェーゼにとって埃にまみれたファシズムのイタリアに対する電撃的なアンチテーゼであった。広大さ、自由、物語る力、一定の社会的かつ歴史的関連の中にある個人の経験、モダンな形式のレパートリー、新鮮で写実的な言葉、要するに、「我々万人のドラマが他のどこよりも開放的に上演された巨大な舞台、巨大なスクリーン」がそれなのであった。まったく異なった何ものかが、ここでは突然に手に取れるほど近くにあり、青年期特有の世界苦の彼方にあった。彼はアメリカ人の音楽家と友情を結び、その彼と事細かに英語で文通し合い、新しい作家たちのことを尋ね、小説を発注し、アメリカのスラングの特質について教示してもらった。この文通相手の「大いなる好意」にどう感謝すればよいのか、彼にはわからなかった。「小型のフィアト車がいいかい、それともフィアンセ？」と彼は持ち出している。それは、パヴェーゼにとってこれまでにない行為の力と意欲にあふれた口調で、自己憐憫の痕跡はどこにもなかった。貪欲に、彼は新しい世界から届くものすべてを吸収した。メルヴィルを終えると、フォークナーとスタインベックとドス・パソスを、そして後には、シャーウッド・アンダーソンを翻訳した。今や、彼にはひとつの使命があった。アメリカの発見者という使命が。

一九三〇年、シンクレア・ルイスはノーベル文学賞を獲得し、それをパヴェーゼは自分の文学的判断の証明と感じた。ピエモンテとトリノに物語の素材を探すというインスピレーションを彼に与えたのは、アメリカとアメリカの長編小説家であった。ちょうど二三歳を迎えたときに、彼は自信をもって、自分の文学的プログラムを明言した。彼は、風景の発見を宣言した。アメリカの大草原に匹敵するここにしか、独自の何かが成長しうる原状態の痕跡は存在しないからだ。「若きアメリカには、古きヨーロッパと同様に、無からは無しか生じないという真実が妥当する――そして、土着の文化の精神によって刻印がなされていなければ、特に詩作では注目に値するものは何も生まれ得ない、という真実も」と、彼は一九三三年にジョン・ドス・パソスに関するある論文に記している。これが、個々人の同時代的制約を超える物語にとっての前提なのだ。生々しい現実、それはメルヴィル、シンクレア・ルイス、シャーウッド・アンダーソン、ヘミングウェイに見るように、「事物とぴったりと一致して、通常の読者と眩暈を惹き起こすような象徴的・神秘的現実の間にあるあらゆる垣根を取り去る言葉の中にある。」

レオーネ・ギンツブルクの仲介によって、パヴェーゼは、一九三四年、伝統豊かなフィレンツェの雑誌『ソラリア』に自分の詩を採用してもらうことができた。出版は躊躇したものの、原稿の採用は彼の文学的仕事に新たな意味を与えた。独裁政治が日常を変えていたことを、二五歳の若者は引き続き脳裏から消し去っていた。自分より慧眼なレオーネを、友人のひとりに漏らした言葉によると、「いい奴なんだが、疲れる」と感じていた。その後まもなく、彼もまた政治的現実からはもはや逃れることはできなくなる。四月のレオーネの逮捕の後、パヴェーゼは雑誌『文化』の運営を単独で引き継いだ。彼は、またしても複雑な恋愛物語に巻き込まれる。数学教師ティーナ・ピッツァルド、「嗄《しゃが》れ声の女」である。「今、彼女は岸辺に着いて、我らと話をする／幹の間に現れた彼女の肌黒い体には、滴が垂れている／彼女の声は水の上の唯一の音で／──しわがれて、さわやかで──／それは、昔のままの声だ。」ティーナはコムニストで、すでに投獄の経験があった。抵抗運動との接触を保つために、彼女には偽の住所が必要で、パヴェーゼは彼女に自分の宛名を好きに使わせていた。一九三五年五月に彼も逮捕されたとき、警察はティーナ・ピッツァルド宛てのある有名な反ファシストの手紙を発見する。パヴェーゼは、勾留されることになった。はじめは、トリノに留められた。彼にはやがてまた釈放されるという確信があった。新しい環境を彼は気に入ってさえもいた。食事は申し分ないし、ツィガリロ葉巻はすばらしいよ、と。次に、ローマのレジーナ・チェリ刑務所に移される。ついにカントの『純粋理性批判』を読む時間を見つけた。実際に身に迫っていることを理解したのは、少しずつのことだった。請願書を書き、抗議し、自分は非政治的人間で、ティーナ・ピッツァルドに宛名を貸したのは単に古くからの友情から出たことだ、と供述した。六月に、裁判となった。彼は『文化』の編集長を務めることで反ファシズムの活動をした、と非難された。判決は厳しく、三年間のカラブリアへの追放であった。一九三五年八月三日、彼は刑に服する。

〈治安流刑〉というのが、一九世紀によく無政府主義者や社会主義者を隔離したこの処罰の公式名称である。一九二六年の一一月、ファシストたちはこの規定を再び法典に加えた。公的秩序にとって危険なものは、その居住地から遠ざけ、流刑地へ送ることができることになった。九〇〇〇人を超える共産主義者、社会主義者、共和主義者それに自由主義者がその年のうちにリパーリ、ファヴィニャーナ、パンテッレリア等の様々な島に行き着いた。政権にとっては、好ましくない反対者を排除する手頃なやり方だったのだ。それより強い弾圧が適切ではないと思われたのは、外国での悪評を恐れたせいでもある。特定の時間の厳守、証明書携帯の義務、居場所届け出の義務、武器所持の当然の禁止等、いくつかの規制はあった。手紙は、検閲によって監督された。妻や子を連れてくることは許されており、流刑者は煩わされずに文学や学問の研究に従事することができた。ヴェントテーネ島では、その上、様々な体制批判者のグループが図書館や会食所まで設立していた。その地で神経を消耗させるのは孤立ではなく、体制批判者が多すぎることだ。彼らは、すぐに不和になり、様々なグループに分裂し、単独者を「仲間外れ」にさえした。しかし同時に、集団的な抗議の形態も出現した。一九二七年の九月にアメリカから無政府主義者のサッコとヴァンツェッティの死刑執行の知らせがイタリアに届いたとき、流刑者たちは二四時間自分の家に閉じこもった。政権は、人殺しや強盗のような通常の犯罪者を流刑地に移し、スパイの仕事を請け負わせ、収容者たちの間に対立関係を煽るという陰険な考えを思い付く。そうなるとまた、流刑者たちは上からの指示をむしろ投げやりに扱うようになった。一九三七年の夏には、流刑地では、例えばローマ式の挨拶が義務付けられたが、多くのものはそれを拒否した。何度かの逮捕や有罪判決の後、警察署長は一年後にはその件を放置することにした。トリエステの詩人ウンベルト・サバは同じく流刑者の一人だったが、ムッソリーニの帝国を「囚人のコロニー」と呼び、それは正鵠《せいこく》を得ていた。一九四三年まで、ファシストの権力者の大半は政敵を殺害しなかった。もっともおぞましい行為は、サロ共和国が樹立された後に起こったのだ。ドイツの強制収容所を前にすると、絵のような海岸地への流刑は特別に苛酷な印象は与えないかもしれない。自分の環境から引き離された市民の知識人にとっては、しかし、それでも衝撃ではあった。カルロ・レーヴィが『キリストはエボリで止まった』の中で描いている通りに、流刑地はマラリアが蔓延し、時代に取り残されて、貧困極まりない地域だった。しかし、再三、特赦が行われたし、耐え切れないものは、ムッソリーニのもとに恩赦の請願を提出して、解放される機会を待つことができた。総じて一九二六年と一九四三年の間には一万七〇〇〇人が解放の措置を講じられ、一一七人が流刑の間に命を失った。

パヴェーゼは、一九三五年、手錠をかけられ、ふたりの憲兵に付き添われてナポリ経由でカラブリアのブランカレオーネに旅立つ。ブランカレオーネは海辺の辺鄙《へんぴ》な小村であり、住民は友好的であったが、パヴェーゼは北から来た唯一の流刑者であり、数日後にはもう有り余る時間をどのようにして過ごしたらよいかわからなかった。泳ぐのにはうんざりで、それにはあまりに暑すぎた。つましい宿舎には虫がうようよし、料理をしてくれるものもなく、持ち金も少なく、一行の詩もできないほどだった。彼の家族は書物を手配してくれたが、週を追うごとに彼の手紙は不機嫌で、陰鬱な嘆きに満ちていく。ただティーナ・ピッツァルドにだけは自制していた。九月一七日の手紙にはこうある。「愛しい君、君の万年筆で書いているんだ。数々の酷い経験にもかかわらず、手紙を書く衝動には抵抗できない。君の住所に宛てた葉書が着いたかどうかわからない。君からのは四通受け取った。(…)

僕は日々（年々になるかもしれないけど）を、自宅で二時半から四時〔イタリア語の書簡集では、三時〕までの午後に体験したように、手紙を待つ状態で過ごしている。朝はいつも、孤独の刺すような痛みとともに目覚める。僕の不安は君には言葉で言い表すことはできないよ。でも、僕の苦しみは、ここに書いたのとは違う。僕の苦しみは、君なんだ。僕たちをこんなふうに引き離したものたちは、それをよく知っていた。優しい言葉は書かないよ。その理由は僕たちにはわかっている。僕の人間にふさわしい最後の記憶は、五月一三日に因むものだ。君が僕のことをいろいろ考えてくれていることに感謝している。僕の方は君のことに関してはただひとつのことしか考えていない。そしてそれには、終わりがないんだ。君のCより。」姉のマリアには自分の運命を嘆き、愚痴をこぼし、悲鳴を上げ、友人たちの近況など知りたくもない、彼らの自由な境遇など妬ましいだけ、と書いている。「僕にとって重要なことを言うよ。他のはみなくそ喰らえだ。この太陽系のどこに別のやり方をするものなどいるだろうか。例えば、フランコ・アントニチェッリの結婚のことを書いてきたけど、これなんか腹が立って口から泡を吹くほどだ。この類の知らせが僕の現状では怒りで胆汁が逆流するほどなのを、ほんのちょっとでも考えてくれただろうか。答えは、ノーだ。」一二月二六日付けの文面だ。家族が慰めようとすればするほど、彼は堪え切れない反応をした。この刑罰の無意味さに、孤立に苦しんだ。やっと自分の本が出版されたが、これすら誇らしい気持ちで彼を満たすことはなかった。ティーノ・ピッツァルドから郵便がもう届かないことが、彼を不安に陥れた。彼の言葉の調子は、嘲笑的で、独りよがりで、軽蔑に満ちたものとなる。しかし、パヴェーゼは姉の忠告に従い、陳情書や恩赦の請願を書き続けた。それと同時に、日記をつけ始めた。それは、『生の手仕事』のタイトルで纏《まと》めることになる個人的な手記への序曲であった。二月二八日、現状を文学的仕事に結実させるべく努力を始める。「彼女のことで苦しんでいることが、何をもたらすだろうか。彼女がアスファルトの敷かれた通りで挨拶の腕を上げた日、誰も店を開けに来ず、彼女がもつれた髪で現れた日、彼女が小声で彼と歩道で話していた日、彼女が僕を急ぐように急き立てた数限りない時。でも、それはもはや美学ではなく、嘆きだ。僕は美しいごく小さな記憶を数え上げ、苦痛だけを思い出したかったのだ。やってみるんだ、それは、それでも役に立つ。彼女についての僕の物語は、したがって、大きな場面からではなく、極めて微細な内的瞬間の数々から成り立つのだ。詩作は、このようでなくてはならない。この苦しみは、途方もない。」このように、パヴェーゼは傷ついた感情の彼方に人物と素材の造形に役立ちうる認識を求めた。彼の知覚能力は、どれほど自身がここで否認しようとも、常に美学的に下塗りをされていた。知覚したものをイメージに置き換えるのである。家の戸口に立つ髪をぐしゃぐしゃにした女とか、通りで手を振る女とか。この身振りの中に、捨てられるという経験が彼にとっては凝結したものとなる。そして、まさにこの日常の体験と元型的な感情の共演が、後に彼の小説の標識になるのである。彼は、主題の探索の途上にあった。自分自身の傷口が題材とされるのだ。

これで流刑の不当性に対する彼の憤激が収まったわけではなかった。そして、誠実な家族たちが繰り返し彼の怒りの標的となった。義弟に、一九三六年一月五日にはこう書いている。「ルイージ、君の手紙をわくわくするほど興味深く読んだよ。埋葬や婚礼や洗礼の機会に牧師の訪問を受け入れるあの好奇心をもって、だよ。人の悪いルイージがそんな聖職者のタイプだとはけっして思わないけどね。研究、君の好きな仕事……君の部屋をお気に入りの書斎に変えるこまごましたもの……キリスト教的謙遜……平静と謙遜と希望……僕は間違っているんだろうか、それとも教区司祭はそんな風には話さないんだろうか、例えば、梅毒を病んでいる教区民を慰めるためにね。（…）聞いたところでは、君はオフィスでは馬車馬のように働いているんだってね。今の君のように非の打ちどころのない市民であって、肉体的にはうすのろになって、精神的には僧房にいるに似た生活を送ることは、割に合うんだろうか。僕は、ブランカレオーネにいることの全部を含めても、君のことはうらやましくないよ。僕の不自由は、君が曳かなければならない荷車に比べれば、愉快なことなんだ。君は、『働き疲れて』に書いたあの死すべきものたちのひとりなんだ。買って、読んでごらんよ。そこから、いろいろなやり方を学べばいい、君が一日を楽しく過ごせて、オフィスの上役をいいように引き回すのとは違ったやり方を。ああ、なんてばかなんだ、忘れていたよ。君自身が上役なんだっけ。それじゃもっともっと出世することを祈るよ。哀れむべき聖家族のみんなによろしく。チェーザレ」。三月一二日付けの姉への手紙では、さらにあからさまになる。「誰も彼も忌まわしいばかりだ。フラッシネッリだの、あの脳足らずのフランコだのが、僕に何の関係があるっていうんだ。ホテルで食事、だって！（…）流刑なんて、どうってことないよ。人に命を失うように仕向けるのは、親戚連中なんだ。君たちなんか、みんな癌に罹ればいい。」

よりによってこの瞬間に、パヴェーゼの請願書は受理された。残虐な、一部では毒ガスを使って遂行された侵略戦争でエチオピアに勝利したことで、ムッソリーニは一九三六年の初めには成功の頂点に達していた。国中は、誇りに打ち震えた。ついにまた、我々はひとかどの存在になったのだ！人々は、体制批判者に対しても寛大な態度を示した。流刑は中止され、パヴェーゼは七か月のカラブリア滞在を終え、一九三六年三月一九日、トリノに戻る。駅にいるうちに、彼は「嗄れ声の女」が結婚を目前に控えていることを知った。パヴェーゼは、虚脱状態に陥った。日記に彼の苦悩はこう記されている。「精神的失意のどん底に達した今、何を考えればいいのか。考えるのは、この失意が物質的なものであったら、例えば、自分が持っているのが壊れた靴であったらどんなによいか、だ。そうとしか目下の自殺者的生活は説明できない。わかっているのは、障害や苦痛に直面する度に自殺を考えるという罰を永遠に下されていることだ。これこそ、僕をぞっとさせることだ。僕の原理は、自殺だ。決して行わない自殺だ。けっして行われないだろうが、それは僕の気持ちをくすぐる。」その直後に、彼は恋人の喪失を嘆き、こう締めくくっている。「この墜落の感覚は、一九三四年に僕を打ちのめすのを止めた槌《つち》の一撃と混じり合っている。美学など糞くらえ、ポーズも、天分も、たわごともみんなだ。僕はこの人生で愚かでないことをしたことがあったろうか。月並みで、他に言いようのない意味において愚かだ。精神的に未熟で、空っぽで、できない自殺を杖にしてかろうじて立っている、生きる〈術を知らない〉男のように。」それでも、すべてを自分の詩作に利用できるかもしれないと、数日後には考えてもみる。とはいえ、できるのは、まさにこの「目的に役立つ冷たさを求めるこの徒労」のなかにある自分の悲劇だ、とも。

政治的理由から、パヴェーゼは教師の仕事を禁じられた。彼に残された道は、翻訳だった。それと同時に、エイナウディとの共同作業も再開した。編集作業をし、アイディアを出し、ダニエル・デフォーの『モル・フランダーズ』とガートルード・スタインの『アリス・B・トクラスの自伝』を翻訳した。一九三八年五月一日、とうとう編集顧問として社に加わった。ここで彼は自分のためにひとつの対抗世界を築き、エイナウディとともに社の代表になった。瞬く間に、彼は数多くの人的繋がりを作り、検閲や外部からの干渉にもかかわらず、社は驚くほど国際的な認知を獲得した。一九三九年、『故郷』を書きあげ、二年後にやっと出版されたそれは彼を著名な作家にのし上げた。アメリカは彼の基点であり続け、その冷めた美学を用いて彼はイタリア文学に巨大な活力の一突きを加えた。新世界の魅力的な地平が彼自身の書くものに主題と形式の両面で結晶した。鄙《ひな》びたピエモンテは、パヴェーゼの〈ミッド・ウエスト〉になった。そして、話し言葉で書くことを始めたが、それは革命にも等しいことだった。イタリア文学はその当時、技巧的なアカデミズムと装飾過多なバロックの間で玉虫色だったからだ。彼の登場人物たちは、日常のおしゃべりの習慣に応じて自分を表現していた。彼は、スラングを、ある社会集団に特有の語を、ピエモンテ方言の統語法を駆使した。新しいイタリア文学の登場だった。

こうしているうちに時刻も遅くなった。オフィスの外の電話のベルが鳴る回数が増え、秘書たちの動きが少しばかり慌ただしくなった。ロベルト・チェラーティに暇を告げる時間だ。「パヴェーゼのアメリカ世界の発見は、彼の大学での勉学と関係していました」と、チェラーティは言葉を続ける。「彼はこの発見をエリオ・ヴィットリーニと同時にしたんです。少し遅れてエイナウディ社に加わって、後にミラノの支社を運営する人物なんですが。ヴィットリーニは、一九四二年に『アメリカーナ』というアンソロジーを編纂しました。検閲された形の出版ではありましたが、しかし、私たちの世代にとっては途方もなく重要なものでした。両作家の履歴は互いに絡み合っています。同時にまた、まったく異なった道を歩んでもいます。一種のライバル関係にあったのです。ヴィットリーニはとても感じがよく、明朗な気質の持ち主で、おまけにハンサムな男でした。女性にはとてももてて、それを謳歌していました。パヴェーゼと正反対です。ヴィットリーニは、独学者でした。彼は、何にでも感激することができました。これは、社のふたつの所在地とも対応していました。ミラノは活動的な場所で、トリノは熟考の場所というふうに。両都市の間には、深い共生が成立していたのです。」再度、チェラーティはあの出版人に言及することになる。というのも、どれほどギンツブルクやパヴェーゼや後にはヴィットリーニがカリスマ性をもって行動を起こそうと、やはり中心は彼に変わりないからだ。「エイナウディは、偉大な指揮者でした。優れたオーケストラ指揮者のように、彼は各人に刺激を与え、クリエイティヴな潜在能力を引き出すことに成功しました。衝突を煽り立てることによっても、です。それは、何かよいものをもたらす極めて生産的な衝突でした。エイナウディは、地震計だったのです。彼は、耳をそば立てていました。誰かに会うと、その出会いからすぐに何か新しいものを手に入れました。とはいえ、具体的な産物という意味ではなく、後になって何かが生まれるアイディアという意味で、です。」私たちは、最後にもう一度ウンベルト大通りに面したチェラーティのオフィスの窓の外に短い視線を向け、立ち上がる。この出版社は全方位に形成された人間という理想から出発しました、とチェラーティは考え込みながら言う。そういう人間は、今日ではもう存在しません。「エイナウディが学者たちに小説を渡して、それを読んで評価するように仕向け、ここで編集顧問の仕事をしている小説家たちに物理学や人類学や哲学の本に関してそうさせたのは、根本原則のひとつでした。我々は、人文主義的な出版社でした。要するに、すべての書物は同一の読者を念頭に置いていたのです。一四九二年に出たレオナルド・ダ・ヴィンチの身体の比率の研究はご存知でしょう。上下左右あらゆる方向に伸ばされた四本の手と四本の足を持った人間の。我々の出版計画の核心は、まさにこの人間でした。あらゆる書物はこのひとりの人間のために生まれたのであって、その人の文化的な人間形成なのです。しかし、そんなことは今日の出版社にはもう許されません。そんな時代は、過ぎ去ったのです。」すでに一九九四年以来、モンダドーリ社に、そして、それによってベルルスコーニのメディア帝国に属しているこの社屋は、イタリアがここ数十年に体験した大変動の一例でもある。チェラーティは入り口ホールで私たちに別れを告げ、豪壮な階段を上の階へと駆け上がっていく。会議だ。次の春の出版計画の。

「月に千リラ」

——もしくは流刑

一見して、三〇年代イタリアの日常生活は二〇年代よりもモダンな印象を与える。体面を重んじるものは、ブランド品のバッグを携え、終業後にはカンパリを飲みに行き、妻が四七五リラの新しい節約型調理台〈クチーナ・エコノミカ〉を購入できるよう工面する。一九三〇年頃には、三〇〇万人のイタリア人女性がファシズムの組織のひとつ〈愛国婦人会〉に加入していた。平均的女性に対するムッソリーニの理想像の達成を目的とする組織のことである。トリノでは、グラフ雑誌『ラ・ドンナ』と『マルゲリータ』が出版され、広く読者を獲得して、コスモポリタン的なパリ女性のセンスに対抗していた。ショートヘアでタバコを吸う〈ギャルソンヌ〉、すなわちボーイッシュな女の子《マスキエッタ》はもはや影を潜めていた。一九三一年には、その上、〈ドンナ・クリージ〉すなわち過剰に痩せた女性に反対する大々的なマスコミ・キャンペーンもあった。その正反対が、女性的で、エレガントで、ロング・ドレスを纏った、はるかにイタリア的な〈ドンナ・アウテンティカ〉であった。ドゥーチェの理想の女性は、当然ながら、台所に立ち、働き疲れた夫のために国家の象徴の色をした「愛国的オムレツ」を作る女性だった。愛国婦人会連盟の月例冊子が強く推奨し、レシピまで添えてあった料理である。こうすれば、イタリアの主婦たるものは「両手は国家のために働き、心臓は国家のために鼓動する」ことを立証することができた。ミラノの女流作家フェルナンダ・モミリアーノは、ユダヤの大ブルジョア家庭に生まれ、後年、寸でのところで抑留を免れた女性だが、一九三三年には主婦に奉仕的役割を説く料理本『困難な時代に上手に生きる』を出版していた。モミリアーノが推奨したのは、滋養に富んだ一皿目の料理である。きれいに整えられた食卓と、慎ましいが美味しい料理で心労の絶えない夫を上機嫌に保つことこそ主婦の務めだからです、と。「娘たちよ！　よき母親たちよ！　イタリアの女性たちよ！　悲劇の瞬間を克服する力を持ったあなた方！　私たちの歴史の本のどのページをも英雄的な行為で満たしたあなた方よ！　あなた方は、危機はあなた方の住まいの敷居を跨がなかったことを世界に容易に示すことができるのです！」これらの指導に従っていたら、夫婦はみな週末に『一〇〇万リラをあげよう』（ある百万長者が惨めな貧乏人に変装し、私心のない善行に金で報いようとする）のような映画で気晴らしをすることができた。ラジオも、快適な娯楽を提供した。流行歌の歌詞「もし、月に千リラ稼げて、海辺の小さな家と君のような妻があったら」は、勤労者の夢をピンポイントで捉えていた。

ムッソリーニのイデオロギーは土着性を演出しており、これはとりわけ小市民層受けするものだった。住民の大半は、支配関係を無言のうちに受け入れた。私的な領域は、軍事パレードやファシズム的な余暇の組織化にもかかわらず、三〇年代末まで政権からはほとんど手つかずのままだった。官界、法曹界、軍部、警察における従来のエリート幹部の多くは、依然としてもとの地位にとどまっていた。確かに、正式な党員手帳を持った出世第一主義者は権力の枢要な地位にあり、三〇年代初頭には一二〇〇人の正教授のうちムッソリーニへの誓約を拒否したのは一二人に過ぎなかった。ドイツに比べると、がちがちの主義者ではなく、うわべだけのファシストであることが多かったのである。警察署長でさえも、ユダヤ難民にパスポートを支給して、職務上の規定に逆らうことが再三あった。学校は、それに比べると、厳格な規則の支配下にあった。ここでの教材は、ファシズムのイタリア国、国家的根幹の賛歌、イタリアの英雄と殉教者、ドゥーチェの悲しき幼年時代だった。一九三九年には、読本に人種の不平等に関する章が導入された。それでも、教師がその章を飛ばしても問題が生じることはなかった。アウグスト・モンティのような教師は、高等学校では例外ではなかったのだ。ファシズム児童組織への会員登録は、義務ではなかった（そこでの食事会や休暇ハイキングなどの催しは人気ではあったが）。体制の全体主義的な表看板と国の内情の間には、独裁が一〇年続いた後にも大きな差があったのである。ベネデット・クローチェのような人物は相変わらず不可侵で、主宰する『批評』誌は検閲を経ずに出版することさえできた。合わせて、ムッソリーニは芸術的前衛や知識人の一部を巧みな文化政策を用いて自分の側に引き寄せていた。建築家や技術者への大規模な発注、『ドムス』

のような高級誌、〈チネチッタ一九三七〉を始めとするヨーロッパ最新鋭の映画撮影所の設立などは、その例である。青春礼賛と皇帝風の身振りによって、ムッソリーニの運動は、とりわけその当初には、反逆的でダイナミックな光を発しているように見えた。

エイナウディにとって、三〇年代半ばは危うい綱渡り段階の始まりだった。将軍アンブロージョ・ボッラーティによる第一次世界大戦の軍事史研究の出版は、時流に負うところが多いと思われる。ボッラーティは、SE（スア・エッチェレンツァ〔閣下〕の略。ムッソリーニは公文書ではそう記されていた）と密接な関係にあり、エイナウディ社が一九三四年春以降の波状逮捕の後も存続できるように、自分の本の力で間接的に配慮したのだった。愛国的な印象を与えるものはすべて、制約を免れた。ビッソラーティの『戦時日記』が一九三四年七月に差し押さえられたとき、エイナウディは請願書にこう記している。この本は、政府の指令に反するものではなく、「政治的に穏健で、分別ある」ものであり、「高貴な愛国的心情」に由来するので、「イタリア人にとって一読の価値があり、要するに、政府の訓令のうちで第一の位置を占める祖国への崇拝を仲立ちする」ものなのです、と。このやり取りは、そうした外交的な駆け引きの証言だ。エイナウディ社の方針は、一貫したものだった。ファシズムの文化とは、はっきりとした距離を取っていた。「我々のグループは、ファシズム陣営の内にあっても活動を放棄しなかったばかりでなく、さらに独自の術策をめぐらすこと——成功することが多かった——に努めたのだ」と、エイナウディは一九六一年に当時を回顧して述べている。「それは、抵抗の間接的なひとつの形であった。書物を作るものたちにとっては、他に選択肢はなかったのだ。つまるところ、我々は公共の場において活動しなければならなかったし、その際には仮面を、できるだけ透けて見える仮面を被らなければならなかった。ファシズムにイデオロギー上の信条告白をしたことは一度もなかった。対等の立場での議論もなかった。まさにこの姿勢こそが、我々にイタリアの読者の間で大きな影響力を持たせ、繰り返し新たな協力者を我々にもたらしたものだった。」

一九三〇年半ばに、レオーネ・ギンツブルクが考案した『歴史文化叢書』の最初の数巻が出版された。皮切りは、一九三五年のルイージ・サルヴァトレッリのリソルジメント研究である。イタリア統一期へ立ち帰るのは、いかにもエイナウディ社らしかった。リソルジメントに潜んでいたものは、ギンツブルクにすれば、イタリアの政治的潜在能力であり、当時重要なのは「我が国を近代ヨーロッパの文化と政治に結び付けること」だった。社のトレードマークは、すでに創業時から、はっきりとした特徴ですぐにそれとわかるシリーズものだった。レオーネ・ギンツブルクは、二番目の企画を考え出した。『エッセイ』シリーズである。この流れでホイジンガの『朝の影の中に』（一九三七）が出版され、大反響を呼んだ。第二版は、発禁となった。古典作家シリーズがそれに続いた。ヴィットリオ・アルフィエーリ、ニッコロ・トンマーゼオ、ピエトロ・アレティーノ、ロレンツォ・デ・メディチなどの注釈付版で、中でもボッカッチョの巻は好評を博した。さらに『外国作家』シリーズがそれ加わる。どちらのシリーズでも、ギンツブルクとパヴェーゼが繰り返し重視したのは、わかりやすい導入部だった。その道の権威である学者たちが学識豊かな論述を寄せても、若い編集者たちからすぐに送り返される羽目になった。「これはいただけません」と、パヴェーゼはサッカレーの『ヘンリー・エズモンド』の巻の編纂者ルイージ・ベルティに書いている。「伝記的な記載は、完璧です。しかし導入部があいまいです。不明瞭です。あまりにも抽象的な概念が多く、比喩が次々と続き過ぎています。ごく普通の読者はいらだってしまい、納得することはないでしょう。加えて、あなたはこの本に対する読者の喜びを損なってしまいます。時代遅れと言わずもがな欠陥ばかりを並べ立てて、芸術的に評価すべき点に関してはあっさりと書き飛ばしているのですから。しかし、私がもっとも啞然としたのは、あなたの意外な錬金術好みです。日刊紙『国民』へのあなたの投稿や記事は、――すでに申し上げたと思いますが――まったく別のものを期待させます。私は、多くの読者を得たいと思います。商業的な理由からばかりではありません。（…）ベルティさん、もっと本質的に人間的なものを、トスカーナ的に明瞭なものを仕上げてはくださらないでしょうか。それをお願いするのは、過ぎたことでしょうか。」注釈者たちは編集者たちの希望に従った。そして明解古典作家叢書は、大学・学校関係を超えた広範な読者を獲得したのである。学術シリーズは、マックス・プランク、パブロフ、ルイ・ド・ブロイの著作が大半を占め、教授や在野の研究者との――ベネデット・クローチェの仲介によることが多かったが――数多くの繋がりへと発展した。中にはトリノの若者を憤慨させたものもあったが、多くの繋がりからは緊密な協調関係が生じたのである。

外国作家の作品出版は次第に困難になっていたにもかかわらず、エイナウディ社は驚くほど多くの点数を世に送り出すことができた。ギンツブルクは、プーシキンの『大尉の娘』、ドストエフスキーの『賭博者』『白痴』『悪霊』、ゴンチャロフの『オブローモフ』、トルストイの『クロイツェル・ソナタ』『戦争と平和』を翻訳した。ドイツ文学では、ゲーテの『若きウェルテルの悩み』や『親和力』の他にも、E・T・A・ホフマンの『ブランビラ姫』やゴットフリート・ケラーの『緑のハインリヒ』も出版計画に載っていた。フランスの古典作家では、プレヴォーの『マノン・レスコー』、スタンダールの『パルマの僧院』、フローベールの『感情教育』が収録されていた。パヴェーゼは、アメリカ人作家とイギリス人作家の作品を提供した。「我々は、理解し、生きることに努めている。その際の導き手は、外国の声だ」と、パヴェーゼは書いている。「我々の誰もが異なる国民の、遠くの異なった社会の文学に携わり、それを愛し、それについて語り、翻訳して、そこから理想的な祖国像を作り上げたのだ。」一九四一年六月の参戦とドイツ側に立ってのロシア進駐とともに、愛国的宣伝の調子は明らかに一段と甲高くなった。「国家社会主義のレトリックを記録するために」とは、エイナウディがある査定書に記した言い分だが、エイナウディ社は一九四二年、驚くべきことに、ハンス・グリムの『土地なき民』のような小説をも出版計画に入れたのだ（もっとも、出版はされなかった）。この書のようなタイトルが当局のイデオロギーに適っていたと思われる一方で、マックス・ウェーバー、カール・シュミット、アレクサンダー・フォン・フンボルト、フリードリヒ・マイネッケのような他のドイツ人著作家の場合には、印刷許可を得るのは面倒だった。一九四二年の年頭に『戦争と平和』が出版されたとき、ファシストの記者ゴッフレード・コッポラは一月一五日付けの『イタリア人民』紙に、イタリア人にフランス語や英語やロシア語から翻訳を提供し続ける流行が広がっていることへの辛辣な攻撃文を発表した。彼の総攻撃の引き金となったのは、トルストイの小説だった。これを出版することで、ナポレオンのロシア攻撃とドイツ・イタリア枢軸との類似へと人々の注意を向けようとしているが、そんなことはベネデット・クローチェの信奉者とラジオ・ロンドンの視聴者（どれもみな偽善者なんだ）しか考えつかないことだ、そもそも、イタリアの出版人を自称するエイナウディの仕事は、徹頭徹尾非イタリア的だ、三三冊の新刊のうち二三冊が翻訳ではないか、と。「もうたくさんだ」と記事は続けている。「このナターシャやら、このボリスやら、この白痴やらの類いは、もうたくさんだ。」それでも、後年のパヴェーゼの言葉によれば、体制は「歯嚙みしながら」もエイナウディの仕事を黙認した。「常に臨戦態勢をとり、ステップを誤って論難や罵倒が露骨さを増すようだったら、いつでも報復し、我々の襟首をつかんで、殴りかかろうとする心積りではあった」のだが。検閲は、その都度新しい策略を用いて切り抜けなければならなかった。時を同じくして、文学への需要は増大していた。大学での使用が見込める古典作家本は、社には有益だった。印刷許可を得るのが、他に比べて容易だったし、加えて、紙の割り当ても増したからである。

一九三八年九月、ファシズムの〈人種保護法〉が発効した。それまで、イタリアはバルカンからの多くのユダヤ人にとって避難所でさえあった。各自治体の当局は、ローマの中央官庁から居住ユダヤ人のリストを作成するよう要求された。しかし、それは滞りがちだった。ユダヤ人住民の大半は三〇年代末に完全に同化して、ユダヤ教区には属してはおらず、そのためにまったく台帳には登録されていなかったのである。そして、記載されているものすら、ユダヤ習俗とは結び付きを持たないことが多かった。一九世紀の統一期にはすでに、彼らは国家運動の担い手の一部であった。例えばカヴールは、ユダヤ人秘書をひとり抱えていたという具合だ。総人口におけるユダヤ人の割合はわずかであり、一九世紀以降は平均して五万人台だった。イタリアの人口は、統一後には二二〇〇万人から四二〇〇万人に増大していた。一九三八年に実施された国勢調査によれば、四万六六五六人のユダヤ人がいたが、そのうち九八〇〇人が外国籍だった。ジョルジョ・バッサーニの有名な小説『フィンツィ・コンティーニ家の庭』(一九六二年にエイナウディ社から出版)の中で、若い語り手は自分のアイデンティティについて次のように思い巡らしている。「僕らユダヤ人がイスラエル民族社会の戸籍簿に記載されていたという事実だけでは、まだ何も言っていないに等しかった。結局のところ、〈ユダヤ人〉という言葉だけでわかることがあっただろうか。」しかしながら、一九三八年には状況はより憂慮すべきものになる。ユダヤ人児童は公立の学校から締め出され、ユダヤ人として大学に登録することはもはや認められず、ユダヤ人教授はその地位を失ったのである。一九四三年までは、人種法の目的は追放であって、殺害ではなかった。ユダヤ人を厄介払いしたかったのであり、そのために、パスポートにユダヤ人であることを表す記載はなかった。一九四一年まで、亡命者は八%だった。バッサーニは、小説の中で繰り返しユダヤ人の市民性について、ファシズムに対する彼らの抵抗の欠如について、彼らの政治的おめでたさについて問いかけては、堂々巡りをしている。故郷のフェラーラで、彼らは特に安全だと感じていた。なぜなら、「〈ユダヤ人〉は、みなもっとも上層の市民に属していたからだ。そうなのだ、ある意味で彼らはこの市民階級の中核を、バックボーンをなしていたのだ。彼らの大半がファシストであるという事実だけで――しかも多くは〈結党時から〉のファシストだった――周りの世界との彼らの完全な連帯と融合が証明された。」バッサーニの父親が典型的な例だ。彼はイタリア愛国者として第一次世界大戦に出征し、ファシスト党に入党したのだ。バッサーニはそれを「イタリア・ユダヤ人の真の悲劇」と呼んでいる。彼らは、「まずはファシズムに巻き込まれた市民」であり、「次に、結局は、なぜかはわからずにナチの絶滅収容所の無の中で生を終えた人々だった。」それゆえ、トリノのユダヤ人社会の大半は、カルロ・レーヴィやヴィットリオ・フォアやシオン・アマール・セグレやレオーネ・ギンツブルクのようなユダヤ人抵抗派の反ファシズム活動家たちを公然と拒否した。彼らは、トリノのユダヤ社会と体制との良好な関係を甚だしく妨げる挑発者だ、というのである。人種法の発効後も、一般市民にせよ軍人にせよ流刑には特に協力的というわけではなかった。モデナ近郊のフォッソリ集結地点への搬出はサボタージュされ、ユダヤ人家族は偽の証明書で前進を助けられたり、匿ってもらったりした。それによって、イタリア・ユダヤ人の八五%がホロコーストを生き延びることになったのである。その分だけ容赦なく、ヒムラーは一九四三年のサロ共和国の樹立後、ユダヤ人の迫害と流刑に躍起となった。当時、イタリアにはまだ約四万三〇〇〇人のユダヤ人が暮らしており、そのうち八〇〇〇人が外国籍もしくはイタリア・ユダヤ人だったが、その彼らからは公民としての資格が剥奪された。六七六五人のユダヤ人がイタリア軍の支援で国外追放され、そのうち五九三九人がドイツの強制収容所で死亡した。フォッセ・アルデアティーネ、ラーゴ・マッジョーレ、ラーゴ・ディ・オルタでは、ドイツ兵たちが残忍な大量虐殺を行い、その際に数百人の市民やパルチザンが殺害され、その中には多くのユダヤ人が含まれていた。

半年前に結婚したばかりのレオーネとナタリアのギンツブルク夫妻にとっても、人種法は当然の結果をもたらした。彼らは、パスポートを没収された。「ユダヤ人種の外国人」（警察文書の記載にはそうある）レオーネ・ギンツブルクは成年になってやっと手に入れたイタリア国籍を失った。彼は、パリへ移住し、〈正義と自由〉グループの機関誌の編集者になるようにという申し出を受けたが、辞退した。イタリアに留まりたかったからである。亡命者の行く末が恐ろしかったし、その上、どんな制約があってもトリノで活動し続けることを自分の責務と見なしていたのだ。例えば、シモン・アマール・セグレが逮捕後に願い出たようなパレスティナへの出国も、ギンツブルク夫妻には同じく問題にならなかった。レオーネのイタリア国籍への決断は、断固として意識的なものだったからである。彼は、ユダヤ人の無制約の同化を支持しており、シオニズムには懐疑的であった。すでに一九三四年には、セグレの信条とは異なる自分の立場を裁判所に説明していた。「彼は、私の知る限りでは、シオニズム理念の信奉者である。私はユダヤ人であることに誇りを持っているにもかかわらず、自分の理念をイタリア人の国民感情から引き出している」とは、訴訟書類に見るギンツブルクの言葉だ。〈正義と自由〉の同伴者たちは、レオーネを国家妄信者と感じていた。しかし、ファシズム体制にとっては、イタリアに対するこの種の思い入れは眼の中のとげであった。一九四〇年の六月、家族（この間に、息子のカルロとアンドレアが生まれていた）はアブルッツォの小さな山村、アクイラ県のピッツォーリに流刑になった。役所は、トリノの当局に「反ファシズム的心情」の「ユダヤ人ギンツブルク」の到着を報告した。

流刑は、三年間続いた。エイナウディ社の業務は、それでも続行した。ギンツブルクは山のような棒組みゲラを校正し、翻訳原稿を整理し、ロシア語からの彼自身の翻訳を続けた。エイナウディとは盛んな手紙のやり取りがあり、この不本意な追放者は造本について意見を述べたり、カバーデザインを批判したりした。エイナウディはこの間に士官養成教育を受けさせられていたが、それが出版計画の立案にさしつかえることは、ギンツブルクと同様なきに等しかった。ギンツブルクは、引き続きわずかながら給料をもらっていた。家族を飢えさせるわけにはいかなかったからである。当局は記録上明らかな反体制者の流刑の決定を下しはしたが、扶養のための費用は持たなかったのだ。ギンツブルクの手紙は、それはひとつ残らず憲兵に提示しなければならなかったが、そっけない事務的な調子を保っていた。エイナウディとパヴェーゼに宛てては「拝啓」と書き出し、次の手紙では「貴社」とか「御社」とか変化をつけている。一九四一年五月、文面の調子は辛辣さを増す。ギンツブルクが恐れるのは、不在による影響力の喪失である。一〇月二七日付けのエイナウディへの手紙には、こう記されている。「あなたは、私がまだ編集を終えていないテクストを印刷に回せと私にせっつく。そうすることで、あなたはあなた自身をせっついているのだ。ダチョウ〔エイナウディ社のエンブレム〕が人々の気に入るからといって、あなたの作った版が売れるとは思わないように。売れるのは、良心的に作られ、理解しやすいからなのだ。万が一、校閲の半端な本がその中に混じっていたら、読者はあなたを見捨てるだろう。」非常に厳格に、彼は各版の統一的な形式に心を配り、文献学的な正確さと明瞭さを怠らないように注意を促し、導入部や注釈に全否定的な判決を下すこともよくあった。再三、彼は社のぶれのない姿勢を求めて訴えた。肝要なのは「人々の啓蒙」であり、ファシズムの「反国家主義的な国家主義」と戦うことだ、これはリソルジメントの理想を裏切り、国家の概念を倒錯させたイデオロギーであり、もっとも危険でもっとも被害甚大な政体の顔なのだから、と。ピッツォーリの住民は、ギンツブルク一家に敬意をもって接し、官報を起草する際に助力を求めては、この招かざる客の文章力に感服した。レオーネは素朴な村民たちに原イタリア的な特質を見出し、自明の仲間意識に感銘を覚えはしたが、それでもなお、友人たちとの日々の意見の交換からは遮断されている感じを取り去る助けにはならなかった。風景が「フラマンのある画家の絵の一コマのように」どれほど好ましいものであろうと、政治的な無力は彼を苦しめた。サルヴァトネッリに宛てて、こう綴っている。「昨日が、ここに来てちょうど一年目だった。人々はたいへん親切なのだが、この単調で刺激のない生存にはせいぜい上辺しか慣れることはないよ。大いなる忍耐が必要なんだ。」家族は「平和の間奏曲」にすぎないよ、とはクローチェに漏らした言葉だ。同時に、手紙は桁外れの自己鍛錬についても証言している。エイナウディ社の仕事と並行して、ギンツブルクはアリオストに関するエッセイとマンツォーニに関する本を計画していた。ナタリアは、プルーストの『失われた時を求めて』の翻訳を行いながら、息子たちの世話をした。一九四一年には、パヴェーゼから次のような葉書をもらっている。「ナタリア、子どもを作るのはよしなさい。そして、僕の本より素晴らしい本を書くんだ。」その一年後、アレッサンドラ・トルニンパルテの偽名で――ギンツブルクだとすぐにユダヤ人の名前と特定されただろう――エイナウディ社から彼女の最初の小説『町への道』が出版され、好評を博することになる。

一九四一年の年末に、夫妻は流刑地を数週間離れることを許された。トリノでは、社の会議が計画されていた。〈万人のための叢書〉のアイディアが生まれたが、それは社の編集上の拡大を意味するものでもあり、マリオ・アリカータが主導するローマ支社の構想を促進するものだった。このシリーズは四〇〇巻を見越し、月一冊のペースで刊行され、イタリア人作家と外国人作家の作品を交互に提供する予定だった。フォスコロ、ノヴァーリス、ボードレール、ティトゥス・リウィウス、トルストイ、それにカヴールが第一次配本として計画された。ボッカッチョからスイフトを経て、ディケンズ、ヘルダーリン、コールリッジ、カント、ユーゴー、ワイルド、クライスト、モリエール、モーパッサン他多くの作家に到るまで、ヨーロッパ文化を構成するすべてが網羅される予定だった。ひとりの編集顧問が特別にそのために採用された。カルロ・ムシェッタである。コンドルセとギボンの編纂者にして翻訳者でもある。ジュリオ・エイナウディは、知識人の固定読者を超える新たな、より広範な読者層を獲得したいと望んでいた。一定のシリーズと結びついた万人の教養、これが彼の脳裡に浮かんでいた。模範は、ドイツのレクラム社のウニヴェルザール文庫とイギリスのエブリマン叢書であった。四〇〇タイトルのリストが揃い、銀行家ラファエレ・マッティオーリ（この社を一〇年以上に亘って好条件の信用貸しで支え、メセナの役割の一端も引き受けていた）は、制作コストをカバーする借款ラインを一〇倍にするよう求められた。「あなたは、社の懸案を実感として理解できる唯一の銀行家です。(…)財政的に裁量が随時可能でありさえすれば、私は安んじて仕事を継続できるのです。」この巨大事業計画の体裁をめぐっても、激しい議論が交わされた。最初の四巻(エイナウディはこれにまったく異議がないわけではなかった)が出揃ったとき、ムシェッタは激昂してトリノにこう書き送る。「私は全冊の破棄を提案します。六か月の中断と秋になっての新たな再開をも。」一九四二年五月二二日、エイナウディへの電報の中でさらに自制を失ってこう訴えている。「まったくの失敗です。本を回収して目も当てられない箇所を除去するのが絶対必要です。それができなかったら、私は辞めます。」しかし、エイナウディは平然と自分の権威に固執した。「エイナウディ社は過ちを犯さない、ということを思い出してほしい。叢書の場合にも、だ。一冊の本は失敗するかもしれない。だが、シリーズ全体ではない。」ラテルツァ社を除けば、エイナウディ社は明白な反ファシズム的な顔を持った唯一の出版社であった。これも、多くの若い協力者や作家を結集させているエイナウディ社を後継世代にとって非常に魅力的にしていた点であった。戦争の出来事に伴って、政治的な時代に転換の兆しが現れていたからである。この野心的な事業計画によって、アルベルト・モラヴィア、エルサ・モランテ、ヴィタリアーノ・ブランカーティ、あるいはマッシモ・ボンテンペッリのようなすでに著名なイタリア人作家との新たな繋がりが生まれた。彼らは、跋文のために口説き落とされたり、エイナウディ社に鞍替えしたりさえした。老舗のイタリア出版社の間に、このトリノ人たちの自信に満ちた領土拡大は動揺を生じさせた。パヴェーゼは、一九四三年の春にローマに移った。そこでは、この間にアリカータとムシェッタの他にもカトリック左派出身のフェリーチェ・バルボが活動していた。ギンツブルクは、新たな本によって出来事に直接的な影響力を及ぼそうと欲していた。まだ先のシリーズが完結しないうちに、ファシズムの歴史に関するシリーズが構想されたのである。

同時に、エイナウディは、銀行家マッティオーリと影響力ある父の友人たちを介して出版社連盟と本省との関係を改善しようと骨折っていた。というのも、原料不足増大の折、紙や印字用の鉛や製本用の糸を調達することがますます困難になったからだった。しばらくの間は、これが最大の試練でさえあった。エイナウディ社は学校の教科書も雑誌も出版計画には入れていなかったので、割当量の自動的な配分からは除外されていた。割り当ては、強圧手段としても利用された。紙を直接工場から購入する試みは、コストが高いために挫折した。政権の不信感をそらすために、エイナウディはあるシリーズをいわゆる「アフリカ省」の監修の下に出すことさえ考える始末だった。リビアやエジプトやエリトリアといったこのところの激戦地域の管理を担当する省のことである。最後には、エイナウディはそれでも直接、出版社連盟と良好な繋がりを持つある重要人物に依頼して――「あなたは私の計画をご存じで、国民文化への有益な影響を与えることがお出来です」――紙の問題を乗り切ったのであった。

社の会議の席では、レオーネには政治的抵抗も重要課題であった。彼はエイナウディの数人の腹心（若いゲルマニストのジャイーメ・ピントールもそのひとり）と共同して、七箇条綱領を起草した。これは後年、様々な抵抗グループから結成される行動党の土台作りに役立てられることになる。

一九四三年七月二五日、ピッツォーリにムッソリーニ失脚の知らせが広まった。一九四〇年六月一〇日の参戦とヒトラー・ドイツ側での不幸な出兵以来、住民の間で雰囲気は正反対なものに変わっていた。物資の供給状態は悪化し、食料品は窮乏していた。一九四三年三月には、北イタリアの工業都市で大規模なストライキが発生する。その上、今や、王や教会や軍隊や産業の周辺にいた保守的エリートもドゥーチェに反旗を翻す。二〇年前にはこの独裁者の台頭に一役買った層が、である。アニエッリは、アメリカ合衆国との伝手を通してとうに連合国との関係を結んでいた。ヒトラーに対するムッソリーニの屈従を既成勢力の代表者たちは屈辱と感じていた。そして、一九四三年五月にアフリカでドイツ・イタリア部隊の最後の稜堡《りょうほう》が陥落したとき、それとともにファシズム・イタリアの没落の始まりの鐘も鳴らされたのである。七月には連合国軍はシチリアに上陸し、部隊は退却を開始する。そして、ローマの指導部は希望の先を今やエマヌエーレ三世に向けた。連合国部隊の上陸の二週間後の七月二四日、ファシスト大評議会の劇的な夜間会議が開かれるに到った。法務大臣ディノ・グランディは、軍隊指揮を国王に再移譲する動議を行い、一九対七と棄権一票で可決される。ドゥーチェに対する不信投票に他ならなかった。自分の立場の行く末を明らかに自覚せずに、ムッソリーニはその動議を恭しく国王にもたらし、議場を去るに際しては抵抗なく手錠をかけさせた。ローマの街頭では、その知らせは急速に広まる。ラジオでは、ムッソリーニの罷免と前参謀総長ピエトロ・バドリオのもとでの新内閣の任命が公表された。

レオーネが流刑の状態を脱することができるまでには、数日を要した。新しい証明書を手に入れると、彼はすぐにローマに旅立つ。今や問題は、イタリアをファシズムから解放することであり、社会の完全な変革を引き起こすことだった。ギンツブルクはローマ支社に加わり、エイナウディによってアリカータとともに〈政治委員会〉の代表に任命された。一方で、パヴェーゼと他の者たちは文学部門を担当することになった。しかし、レオーネはさらに行動党で活動し、さしあたり、バドリオ政権の民主主義勢力に参加することを望んでいた。しかし、新政府は人事レベルでもファシズム体制と断絶するつもりはなく、議会主義的君主制への緩やかな移行を計画していることがやがて明らかになった。バドリオは著名な反ファシズムの人材をも取り込むディニの提案を断固として拒否した。四五日間の未曾有の駆け引きと引き延ばしの日々が始まった。連合国との交渉は、再三延期され、政府の代表者は旅行に出て会期末まで姿を消す。議論は平行線をたどり、互いに噛み合うことはない。ドイツ人には忠誠を言葉巧みに信じ込ませ、連合国の求める無条件降伏は回避しようとする。どちらも失敗に帰した。その間に、トリノ、ミラノ、ナポリ、ローマは、連合軍の爆撃にさらされ、ドイツ軍は北部に陣営を拡大することができた。九月八日、バドリオは、とうとう、すでに九月三日に締結していた無条件降伏の公表に踏み切る。イタリアは、戦場となった。一〇月九日、連合国軍はサレルノ近郊に上陸した。同じ日、ドイツの落下傘部隊はムッソリーニを解放する。ガルダ湖畔のサロで、傀儡政権の〈イタリア社会共和国〉が樹立された。同時に、ドイツ軍部隊は数日のうちにナポリから北の全土を征服した。イタリアの「裏切り者」である一般市民への残忍な復讐行動が始まる。中部および北部イタリアでは、パルチザン戦争が始まる。すべてが、崩壊しかけているように見えた。八月一四日、ギンツブルクはクローチェに宛ててこう書き送っている。「トリノの印象は、ローマのそれを正しい位置に戻しました。人々は、混乱しています。自分が何を望んだらよいか、わからないからです。自由の原則を理論的なレベルで主張する歩み、この原則の段階的な実現への歩みは、容易ではないように思われます。そして、平等の敵対者が利用できる自由のレトリックが我々を脅かしているのです。他の分野でも、〈非合法〉な思考法から正規の政治的思考法への歩みは、現実の矛盾によって困難になっています。そして、明白な、事実から導き出された、世間一般の人にも実感できる問題解決の糸口は、欠けているのです。」到る所で、カオスが支配していた。新設された党の行動主義、最初の拒絶、社の仕事、それに日々の脅威は、完全に非現実の生活感情を生み出していた。パヴェーゼの念頭には、『マクベス』の台詞が思い浮かんだ。「白痴が語る作り話、騒々しくも猛々しいが、意味など何もありはしない。」八月二五日付のジャイーメ・ピントールへの手紙の中で、彼は自分の経験をこの言葉で要約している。トリノは、数か月前から爆撃を受け、エイナウディ社の家屋はすでに数回にわたって破壊されていた。停戦の直後、ファシストたちはトリノの本社を差し押さえ、一時委託の経営陣が設置された。ギンツブルクのローマ支社は業務を継続できたので、活動の余地は存在した。政治議論は、さらに激しさを増した。新聞社を買う計画が持ち上がった。エイナウディの〈上院議員たち〉（彼を囲む親密な一団は戯れにこう呼び合っていた）は、ピントールとバルボの〈方位測定〉というタイトルの時流に適ったシリーズのアイディアを採用した。計画されたのは、ヨーロッパ連合に関する一冊、社会主義の歴史に関する一冊、反ファシズムの歴史的概略を一冊で、ギンツブルクはお気に入りのテーマ〈リソルジメント〉を書くつもりだった。

個人生活は、もちろん引き続き存在した。大変動に翻弄されたレオーネ・ギンツブルクにとっても、である。ナタリアと子どもたちも、同じくローマに到着した。家族には、かろうじて一緒の数週間が残されていた。レオーネは偽名を使って行動し、行動党の地下新聞『自由イタリア』を共同編集した。一一月二〇日の晩、彼は帰宅しない。バセント街の印刷所で警察の手入れにあって逮捕され、レジーナ・チェリ刑務所に投獄されたのだ。アドリアーノ・オリヴェッティは、ナタリアと子どもたちが街を離れるのを助けた。一〇日後にレオーネの実際の身元が判明したとき、彼はレジーナ・チェリのドイツ翼部に移される。彼は、何度も拷問された。最後の尋問は一九四四年二月四日に行われ、その一日後、彼は死体となって発見される。ローマ解放の四か月前のことだった。

戦争の終結

——成熟こそがすべて《ライプニス・イズ・オール》

一九四三年九月八日の休戦協定公表と終戦の間の半年は、エイナウディ社にとって保護観察期間となった。国土の南部は、バドリオ統治下で一種のアングロ・アメリカ保護領であった。北部では、ナチスに援助されたサロ共和国が支配していた。南イタリアには、再び出版の自由と地方自治が戻ってきた。しかし、シチリアとカンパニアでは、連合軍はマフィアの構成員を自治体の長に任命することが度々あった。その威信とコネの多さのために、ファシストの特権者名簿に対する好都合の代替案と思われたからである。トリノにアメリカの爆弾が投下されている間、緊張関係は増大する。フィアトや他の工場では大規模なストライキが多発して、ドイツ人を唖然とさせた。アニエッリと工場長のヴァレリオ・ヴァッレッタは、新しい党員証を拒否さえした。フィアトの社長はアメリカ側についたばかりでなく、パルチザンの諸部隊に車と資金をも提供した。続く数か月間、彼の全従業員は、フィアトを戦争の目的に利用するすべての試みを妨害し、工場施設の撤去を防ぐべく闘った。多くのエイナウディ協力者は、当人をも含めて、今や、積極的な抵抗運動に出ることを決断する。「愛する弟よ、僕はこの数日間、出口の見えない活動への覚悟を決めている」と、ジャイーメ・ピントールは一一月二八日に弟のルイージに宛てて書いている。「我々はローマの近くであるグループに接触し、彼らに武器と為替を提供するつもりだ。ある時点では、知識人も自分たちの知見を公益に役立てることができなくてはならない。そして、どれかの戦闘同盟の持ち場に着かなければならない。」リソルジメントでは、少数の夢想家の政治参加から国家はつくられた。今、新たな統一という歴史的好機が繰返される。イタリア人は自分たちの国を解放することができるからだ。こう述べながら、ジャイーメ・ピントールは、さらに続ける。万が一自分が戻ってこなければ、君は生きている者たちの間に慰めを求めよ、と。この感動的な手紙は、ピントールの遺言となった。前線を横断しようと試みた際に、二四歳の彼（そのリルケ翻訳はドイツ語からイタリア語へのもっとも美しい翻訳のひとつに数えられる）は国防軍の地雷を踏んでしまったからだ。当初はファシズムにすっかり魅せられていたが、倫理的な姿勢を主張するカリスマ的なピントールは、自分の世代が経験してきた変化に肯定的な立場だった。他ならぬその彼が死ななければならなかったことは、エイナウディ信奉者たちを動転させる。数多くの同輩たちがピントールと同様の衝動に駆り立てられた。アルプスやアペニンの山脈では、敗残兵たちがパルチザン側に鞍替えした。サロ共和国は、もとはと言えば、アルプスと南トスカーナの間で行動する八万人の活動的な抵抗戦士たちに由来する。その半分以上は共産主義者で、その他のグループは行動党に属していた。さらには、キリスト教民主主義の部隊も存在した。彼らは、ゲリラ戦を行った。重要人物への奇襲攻撃、妨害工作、線路や橋や電線の破壊行為、武器や金を分捕るための襲撃などだ。両陣営とも、情け容赦なく戦った。〈レジステンツァ〉の戦列からは、一年半のうちに三万五〇〇〇人が殺害され、二万一〇〇〇人が負傷し、九〇〇〇人がドイツの収容所に送られる。エイナウディ自身は数か月をスイスで過ごし、〈ガリバルディ旅団〉に合流し、アオスタ峡谷での活動に参加して、それから南方のパルチザン部隊にヴァッレ・ダオスタ地方におけるフランスの併合未遂について情報提供することになっていた。波瀾万丈の回り道をして、彼はナポリに着いて自分の任務を済ますと、ついにはローマに達して、一九四四年の解放の直後にはもう、ウッフィチ・デル・ヴィカリオ通りに新たな支社を設立する。想像に難いことだが、政治的動揺にもかかわらず、相変わらずこれまでと変わらない水準(紙は粗悪ではあったが)の書物が何点か出版されていた。連合国軍が一〇月にローマへの道半ばのいわゆるグスタフ＝ラインに停滞し、北イタリアの到る所で戦闘が苛酷さを増している間、エイナウディ社は一九四三年に一冊の本を出版した。まったく予期せずして印刷許可が下されたその本とは、アメリカ人エドガー・リー・マスターズの『スプーン・リヴァー』詞華集である。一六世紀にハイデルベルクで再発見された『パラティン詞華集』(古典期、ヘレニズム期、ビザンティン期のエピグラム集)と同時代の異本で、二四六篇の詩の形で中西部の小都市の死滅した住民の素描を提供するものだ。『スプーン・リヴァー』詞華集には六二の異なった版があり、イタリアの出版社の歴史の中でもっとも成功した抒情詩集のひとつに数えられている。戦争の真っただ中にあって、エイナウディ社は時代の先端を行く出版社であり、青年期に達していた。『スプーン・リヴァー』詞華集は、垂涎《すいぜん》の書となった。チェーザレ・パヴェーゼの発見がなせる業だった。翻訳は、かつての教え子フェルナンダ・ピヴァーノによるものだった。

私たちは、二〇〇一年七月のある暑い日、フェルナンダ・ピヴァーノをミラノに訪ねる。ドアを開けてくれるまでに、ちょっとした間がある。トレーニング・ウェアを着た小柄な、ふっくらとした女性が私たちの前に現れる。彼女は私たちを連れて、鉤型《かぎ》の玄関の間と、引っ越し用の荷箱であふれ、空になった書棚の残る部屋をいくつか通り抜ける。ある部屋の隅には、ピアノがある。大きな食卓には、書類とアルバムとレコードが積み重ねられている。ボブ・ディラン、ファブリツィオ・デ・アンドレ、ジョヴァノッティの盤が見える。イタリア人ラップ・スターのジョヴァノッティは、かつてこのフォークナー、ヘミングウェイ、スコット・フィッツジェラルド、ギンズバーグの翻訳者にしてアメリカのビート世代の紹介者に捧げて、「ナンダ、ナンダ、ナンダ、類い稀なこと、まさしくパンダ」という歌を作ったことがあった。ブラインドは半ば降ろしてある。すべては、おぼろな光の中にある。恐ろしいことに、引越ししなければならないのよ、と彼女は説明する。でも、蔵書はベネトン財団が引き取ってくれるの。私たちは、古いソファーの席に着く。株式仲買人の娘で、一〇歳でジェノヴァからトリノに移ってきたフェルナンダ・ピヴァーノは、椅子をきしませながら再度立ち上がり、二〇歳の自分の写真を取ってくる。ブロンドで、ピンでアップにした髪、繊細な顔立ち——きりりとした表情の上層階級の娘だ。「パヴェーゼは、ダセリオ高校で私たちの代理教師だったの。だから、知っていたの。すぐに教科書を終わりにして、クローチェを読ませたわ。家で父にその本のことを尋ねると、父がくれたので、それを学校に持って行ったものよ。それがパヴェーゼの目に留まって、私が話をきちんと聞いていたことに気がついたの。彼のラテン語の授業も、素晴らしかったわ。私にとって、まったく新しい世界が開けたのよ。修了試験を終えた後、偶然にプールで出会ったの。私は崇拝者たちとそこにいて——今ではもうそうは見えないでしょうけど、本当に美人で、とてもよくもてたのよ——パヴェーゼはノルベルト・ボッビオと一緒に来ていたの。ボッビオはちゃんとした水着を着ていたのを覚えているわ。だって、豊かな家庭の出だったもの。パヴェーゼは、古いフラノのズボンを短くしたものを着けていただけ。修了試験で失敗した話をしたわ。彼の授業では、いつも一番の成績だったのに。プリモ・レーヴィと私は、よりにもよって国語で落っこちたのよ……彼はそれをとても面白がって、こう言ったわ。〈これでわかっただろう、学校の何たるかが。考えると、罰を受けるんだ〉って。」フェルナンダ・ピヴァーノにとって、パヴェーゼと知り合ったことはひとつの通過儀礼だった。同じ日の晩、彼は彼女のもとに四冊の本を届けた。ヘミングウェイの『武器よ、さらば』、エドガー・リー・マスターズの『スプーン・リヴァー』詞華集、シャーウッド・アンダーソンの自伝、それにウォルト・ホイットマンの『草の葉』である。音楽学校でのピアニスト養成教育と並行して、ピヴァーノは英米文学研究を始めた。「私の家庭はとても裕福で、表通りのコルソ・ヴィンツァリオに住んでいたの。そこでは、母は九人の奉公人たちの手を借りて六〇人分の食事を用意していたわ。ちょっとした女王様で、かわいらしく、エレガントで、堂々としていた。今日ではもう絶滅種の貴婦人ね。彼女の最大の心配事は、私がバージンを失うことだったの。ヴィクトリア朝の仕来たりが強かったのよ。父は筋金入りの反ファシストで、だからパヴェーゼにも好感をもったのね。しばらくして私に個人教授をしてもよいことになったわ。」チェーザレ・パヴェーゼはそもそもハンサムではなかったわ、とても痩せていて、背が高くて、神経質で、物思いにふけりがちで。でも彼の声はまだ耳に残っているの、と言う。彼は、このずっと年下の女友だちに三篇の詩を捧げている。そのひとつは「朝」という題だ。「窓は、半ば開いて、ひとつの顔を見せている／海の面に。ほどけた髪が／柔らかな海のリズムに合わせて揺れている。／／この面立ちには思い出の跡はない。／雲のそれのような、束の間の影があるだけ。／その影は砂のように湿って、柔らかだ／東雲時の、誰にもまだ踏まれていない洞の砂のように。／思い出はない。あるのは、ただつぶやきだけ、／それは、思い出となった海の声だ。／／東雲の中で、薄明の柔らかな水は／朝のひかりに満たされ、その顔を照らしだす。／毎日が時間のない奇跡で、／太陽に下、塩辛い光がしみこんで／生き生きとした海の果実の味だ」。かつての教師のアメリカ熱に感染して、フェルナンダは密かに『スプーン・リヴァー』詞華集の詩を翻訳し始めた。ある日、パヴェーゼは彼女の机に草稿を見つけ、それをくすねて、数週間後に呆気にとられたフェルナンダ・ピヴァーノに告げる。その本が出版されるよ、あなたの翻訳で、と。

この時期、一九四三年の秋に、パヴェーゼとフェルナンダ・ピヴァーノの間は特に接近した。四〇年代の始めにはもう、彼は仮借ない自己分析を記した数葉に及ぶ手紙を彼女に送っていた。「Pは、まぎれもなく単独行者だ。青春時代から、重要な事柄は日常の世間的問題の外でのみ果たすことができると理解しているからだ。それ以来、自分の矛盾した欲求の生ける殉教者なんだ。彼はひとりでいたい——そして実際に〈そうだ〉——でも、それをわかってくれる集団に囲まれてのことだ。彼は、限られた人たち——これもまたその通りだ——と言葉ではまったく捉えられない深い絆を体験したいんだ。でも、昼も夜も苦悶し、その人たちを苦悶させている、ふさわしい言葉を見つけるためにね。これはみな、間違いなく心から感じていることだ。そして、不幸なことに、それが詩人としての表現意欲を削いでいるんだ。Pはこれを自分の考えを述べ意思を疎通させる願いと名付け、連帯とその不可能性を求める願い、孤独の悲劇、ふたつの魂の了解の不可能性、等々と名付けている。そのような男に愛を目の前にして何ができるのだろう。答えは、明白だ。何もできない。まっしぐらに無を目指す尽きることなく多くの常軌を逸した事柄。」一九四〇年一〇月二五日の手紙にはそう記されている。彼は、劣等不安や愛した女性たちの支配力の過剰なことを幾度も書き記している。パヴェーゼは、フェルナンダに対して常に敬称の「あなた」を使い続け、時として父親的・保護者的な口の利き方をしているが、干渉は控えていない。「Fの不安」と、ある事細かな手紙の見出しにはある。あなたには、やみくもに他人に身を委ね、親密な関係を口にしながら、現実には自分の何かを犠牲にすることのない傾向がある。あなたはレイプを恐れているが、その背後には男性への不安が潜んでいる。取り巻きの男たちとは、性を意識しない関係に努めている。自分を男性と同一化しているからだ、云々。手紙の末尾では、反省して、両親とのあいまいな関係を清算することを彼女に勧めている。パヴェーゼの物言いは、かなり厚かましい印象を与えることがある。同時に、フェルナンダ・ピヴァーノが彼にとっていかに大事なものであったかを感じさせもする。それは、何年にもわたって続く友情となった。「フェルン、僕は、齢をとる。そして、小説を書こうと思っても、僕は自分の周りを堂々巡りしているばかりだ。その小説を楽しむことも、僕自身を楽しむこともできずにね。そして、愛のことを考えると、将来やら家やらお金やら僕の資産やらのことを考えてしまう。フェルン、僕は齢をとったんだ。」一九四三年二月一三日付けの手紙にはそう記されている。彼は、自分の難点を自覚していたようだ。というのも、パヴェーゼは知性の点であれほど自由で、ものに囚われず、非イデオロギー的だったのに、私生活においてはまったく不器用な人間だったからだ。故意に家族的な従属と束縛のもとに留まり、一度も自分自身の住まいに移り住んだことはなかった。ラマルモーラ街三五番地で姉に洗濯をしてもらい、食事を作ってもらっていた。まさにこの矛盾があればこそ、パヴェーゼは魅力的な人物なのだ。そして、恐らくは私生活の深淵こそが文学的な事案における彼のセンスの前提条件だった。彼よりも大きな関連の中でものを考え、確固たる信念に導かれていたコスモポリタンのギンツブルクと違って、パヴェーゼが体現していたのは、彼の時代の神経症だったのだ。

ムッソリーニ失脚直後の一九四三年八月二日、彼はこの女友達にこう書き送っている。「親愛なるフェルン、アバンチュールのことが書かれたあなたの手紙は、まだ届いていない。でも、出版祝い（ある物語の：著者補）の土曜日付けのものは届いている。これは、早すぎるよ。しなくてはならないことは、まだたくさんあるからだ。あなたは今、何のために勉強しているんだい。また試験のためかい。それはもう十分だ。『武器よ、さらば』やディドロに付した序文を思い出してほしい。僕の『スプーン・リヴァー』批評は、もうじき出版されるだろう。あなたの手紙の調子は、僕には納得がいかない。何か無力なあきらめが籠っている。つまり、誰かがあなたを打ちのめしたか、それともあなたが嘘をついているかのどちらかだ。僕が思うに、あなたの方が嘘をついている。三時にトリノに来て、四時半にまた列車に乗らなければならないというのは、けっこうだ。でもそれならば、いつ、どこでならあなたに会うことができるのだ。それを書いてほしい。というのも、三時には、通常、社にはいないからだ。あなたは、もう少し遅く戻ることもできるのだろう。親愛なるフェルン、僕はほんの少しも息の詰まる思いはしていないし、もっと自由に呼吸しなければならない必要もない。僕はいつも仕事をして、感情を爆発させて、恋をしてきた。あなたに異論がなければ、これからも二〇年間そうしてきたようにしていく。僕は政治家ではないし、政治からは何も得るものがない。でも、何と見事な転落（ムッソリーニのこと：筆者補）だろう！　朽ちたリンゴのようだ。あなたのお父上は酔っぱらっているかい。そして、あなたの方だが、子どもは欲しくないのかい。信じてほしいのだが、子どもを持つということは、すばらしいことだ。あなたもそうして、人生を幸せに歩むように。パヴェーゼ」

ギンツブルクやピントールやエイナウディとは異なり、パヴェーゼは政治的禁欲に固執した。エイナウディがアオスタ峡谷でパルチザンに加わっている間、パヴェーゼはまずは田舎の姉のもとに避難所を求め、その後、偽名でトレヴィーゾのソマスキ・パトレス修道院付属学校で授業を受け持った。内戦の真っただ中であった。パヴェーゼはしかもドイツ人の勝利がまだありうると見なし、サロ共和国に賭けた。占領軍兵士の残虐行為をどちらかと言えば矮小化していたのは、一九九〇年になってようやく抜粋して公刊された『秘密の手帳』の記述から読み取れる通りだ。この中で、彼は方向を見失っている印象を与え、国家社会主義のイデオロギーの文言のあれこれに魅惑された姿を示している。一九四三年一二月のメモには次のように記されている。「尊厳――その意味するものは、自分自身であることだ。だが、自分の意見を変えたら、何が起こるだろう。精確に調べてみたら、おまえの意見が変わったのではまったくなく、意識下ではすでに新しい考えができあがっていたことを確認するだろう。おまえの以前の理念のいくつかは見かけとは違うことは、おまえが考えていたこと（おまえの「有名」な政治への無関心だ！）にはおまえはまったく関心がなかったという事実から説明がつく。今、悲劇を間近に体験した後では、おまえはまだ、政治のことは何もわからないと主張するだろうか。嫌悪の念から解放されて、おまえは今おまえの真の関心事を発見したのだ――その場限りの駄弁とは何の関係もなくて、おまえが属している民族の運命と関係した関心を。〈大地と血〉――と言ったっけ。あの人々は、ぴったりした表現を見つけたものだ。どうしておまえは一九四〇年に、ドイツ語を習い始めなかったのだろう。当時、役に立つせいだと思えたこの気持ちは、新たな現実に参入しようと欲する無意識の衝動だったのだ。これぞ運命だ、〈運命を愛せよ〔ニーチェ〕〉。」パルチザンについては、むしろ否定的に語っていた。血と大地に対するパヴェーゼの唐突な信条告白は、わずかばかり自意識過剰な響きがあり、良心の呵責と関係している。友人たちが生命を危険にさらしている間、彼は責任というものから逃避していた。彼がその時、神話理論と血の祭祀に没入していたことは、彼の弱さをあまりにも明白に示している。今が政治の時だというときに、彼はあまりに時代の気分に呑まれていたのだ。

私たちがあの時期と彼女への手紙について尋ねると、フェルナンダ・ピヴァーノは手で拒絶の意思表示をした。「政治については、私とは一度も話そうとしなかったわ。でも、互いにとても評価し合ってはいたの。彼は私にいつも〈あなた〉を使って話しかけ、常に社交上の作法を守っていたわ。誰もが、彼は私に惚れていたと主張したけれど、みんな何も知らなったのよ。私が結婚したとき、彼は腹を立てたわ。彼は正しかったの。結婚は大きな過ちで、私は人生を台無しにしてしまったのよ。私たちは、結婚をするために生まれ、牛が屠畜場に追いやられるように結婚へと駆り立てられたの。当時は、そんな風だったのよ。」建築家でデザイナーでもある夫、エットーレ・ソットサスが一九七八年に三五年の結婚生活の後に彼女を捨てたことは、未だに彼女を憤慨させる。パヴェーゼの言うことを聞いていなければならなかったわ、と彼女は愚痴をこぼし、一瞬の間、追憶に捉われて我を忘れる。「戦後、イタリアに来たとき、ヘミングウェイはどうしても私に会いたいと望んでいたの。前もって葉書をくれたけど、私は本気には受け取らず、捨ててしまっていたのね。でも、彼は電話をしてきたのよ。私は山中をコルティーナへと車を飛ばして、グランド・ホテルに彼を訪ねたの。社のみんなは、私が彼と寝たと思っていたわ。おバカな私は、夫にずっと誠実でありたいと望んでいたのよ。でも、なんてバカだったんでしょう……。」エイナウディ社のファイルケースの中で、警察署長代理はピヴァーノの『武器よ、さらば』翻訳の契約書に行き当たった。フェルナンダ・ピヴァーノは、勾留される羽目になった。「朝の七時に、自宅に逮捕にきたの。どうとも思わなかったわ。若かったのね。」パヴェーゼやエイナウディやミラなんかはどこにいる、と警官たちは彼女に問い質した。「私のような小娘に政治の何がわかるのでしょう」と尋問の度に彼女は繰り返し、まったく知らないと誓言した。パヴェーゼの田舎の隠れ家のことは何ももらさなかった。

一九四五年四月二三日から二五日にかけてのミラノ解放後に、エイナウディ社のトリノ本社も活動を再開した。ローマ支社は、引き続き存続の予定だった。その少し前に、エイナウディは次のように路線を確認している。「エイナウディ出版社は、ローマで活動を再開する。近いうちにトリノでも再開し、その際、ファシズムの期間に我々の根拠であった政治的不可侵性と学術的真摯という同じ原則を出発点とする。我々は、イタリアの解放のために倒れたレオーネ・ギンツブルクとジャイーメ・ピントールの名と追憶とにおいてそれを行う。彼らは、社の発展と方向性を彼らの倫理的な姿勢と精神によって刻印してくれたのだ。この遺産と持続とを社は誇りとし、それに義務を負っていると感じ、後悔も留保もなくそれに基づき、かつてのすべての協力者に寄与を呼びかける。ファシズム体制下では密かに、かつ遠回しにしか普及できなかった民主主義的自由と文化的進歩という価値は、今や公然と主張できるし、しなければならないばかりか、断固として堅持されなければならない。なぜなら、イタリアの困難な状況とイタリア再生への信念がそれを必要としているからだ。」その崇高な目標からの方向転換を説き、綱領化を批判したのは、とりわけパヴェーゼとフェリーチェ・バルボである。五月に、彼らはエイナウディに次のように書き送った。「状況は、変わったのだ。大切なのはもはや、何が何でも本を出せばいいというものではなく、落ち着いて数ある中から何かを選び出すことであり、とりわけひとつ覚えの反ファシズムに満足することではない。そんなものは、とっくの昔にまったく陳腐なものになってしまったのだ。」

したがって重要なのは、新たな力点を設けることだった。そして、パヴェーゼは「労を厭わず、上機嫌」で作家や私講師や翻訳家や査読者たちと接触した。エイナウディは、彼を今や公式にも出版計画主任（戦争末期にすでに事実上担当していた職務である）に任じた。ナタリア・ギンツブルクは、レオーネの死後、フィレンツェに逃れていた。フィレンツェ解放後は、まずはしばらくの間ローマに移った。夫を失った悲しみに自失して、彼女は一種の非常事態にあった。彼女を援助し、友人たちとの連帯を確保するために、エイナウディは原稿審査係の職位を申し出て、彼女も結局はそれを受け入れた。再びトリノに移り、日中は社で働き、晩や早朝に小説の執筆をした。マッシモ・ミラとイタロ・カルヴィーノ（パヴェーゼの仲介で、一九四五年に協力者になっていた）も、パルチザン戦線から戻ってきていた。政治的議論が、会議では重要さを増した。カルヴィーノは筋金入りのコムニストで、エイナウディは同調者であったが、党外に留まった。パヴェーゼは入党した。それは、玉虫色の姿勢に最終的により確固たる輪郭を与えるための、ひとつのやり方だったのかもしれない。ところで問題は、できる限り興味深い人材を新たにエイナウディ社に結びつけることだった。作家ピエロ・ジャヒエに宛てて、パヴェーゼは一九四五年五月一一日に次のように書き送っている。「親愛なるジャヒエさん、エイナウディ社は嵐から再び浮上しました。到る所に散っていた原稿審査係たちも協力者たちと同様に戻ってくるでしょう。ところで、あなたはすでに、社がレオーネ・ギンツブルクの死によって被った取り返しのつかない損失のことはお聞き及びのことでしょう。私たちにとって、その意味は、これからはさらに全身全霊をあげて打ち込むということに等しいのです。そして、あなたはその際に私たちの助けとなるに違いない方々のおひとりなのです。あなたがボローニャでどのようにお過ごしなのか、街はどんな様子なのか、あなたのお仕事の計画はどのようになっているかを私たちにお知らせください。コンラッド、モリエール、『フェヴァーシャムのアーデン』、ベン・ジョンソンなどなど。私たちにとって、特にコンラッドは重要です。よき知らせを期待して、心よりご挨拶申し上げます。パヴェーゼ」

「今日ではもはや想像もできないほどだけど、戦後の時代は私たちにとって途轍もなく大きな解放だったのよ」と、フェルナンダ・ピヴァーノは語る。「パヴェーゼとポー街を歩き回ったことは、まだ覚えているわ。アメリカ人たちがそこに本屋を開いていて、原書ばかりが並んでいたの。そして、私たちはそこに入り、床に座って本に手を伸ばしては、幸福に酔い痴れていたわ。フィッツ・ジェラルドを見つけ、他にも見つけられるものは何でも見つけた。そうして、私にとっての翻訳が本格的に始まったの。読書がこんなに楽しいことを私に教えてくれたのは、本当にパヴェーゼだったのよ。」

アメリカやヨーロッパの物語作家の出版と並んで、この新たな出版計画主任は今やっと以前に抱いていた考えをも実行に移すことができる。人類学者エルネスト・デ・マルティーノと協力して、パヴェーゼは戦時中にすでに宗教学的・民俗学的シリーズを構想していた。この〈コレクション〉は一九四八年に開始され、パヴェーゼは予告で次のようにその動機を説明した。「宗教民俗学的、宗教心理学的研究の集成であるこの〈菫色《すみれ》シリーズ〉は、我社のプログラムの新顔である。我らがイタリアではもっとも待ち望まれていたシリーズかもしれない。イギリス、フランス、ドイツおよびアメリカ合衆国では、ほぼ一世紀前から歴史も社会学も心理学も、原始的な社会——その祭式、制度、技術——への熱烈な関心によってその都度更新されてきたが、我が国では意欲的な読者層にこの新たな一風変わった人文主義の魅力を伝えることがなおざりにされてきた。エドワード・B・テイラー、ジェイムス・フレイザー、アンドリュー・ラング、エーミル・デュルケム、レオ・フロベニーウス、リュシアン・レヴィ・ブリュール、ウォルター・オットーその他大勢によって喚起された議論と問題は、我が国には微かな谺《こだま》としてすら届かず、生きた文化という思考の交換の土台をなすに相応しい環境を見出さなかったのである。」パヴェーゼは理論的な議論における怠慢を挽回し、文化史的に里程標を据えようとはした。それでもここで彼を駆り立てたものは、やはり個人的な関心であった。

パヴェーゼの心の奥底では何か蠢くものがあり、その輪郭を彼は神話の概念をもって描こうとしたのだ。パヴェーゼは三〇年来、先祖返りの力に魅惑されてきた。アメリカ先住民族は、彼には自然と宗教と強さがポジティヴな仕方で相互に結びついている未開人の最高の形態に思われた。フォークナーやD・H・ロレンスやT・S・エリオットがそうであったように、彼はジェイムス・フレイザーの『金枝篇』（一八九〇）に強く影響を受けていた。「森」（一九四六）、「詩と自由」（一九四九）、「運命の詩学」（一九五〇）といった理論的著作において、ジャンバッティスタ・ヴィーコは彼の身元保証人であり、ニーチェやエルンスト・カッシーラーやベルジェレやレヴィ・ブリュールの読書もそこに合流しているが、とりわけレオパルディが本質的な基点をなしている。パヴェーゼは、神話の詩学（未完）の草案を遺している。神話は、彼にとって「人々が内部に抱えている忘我的・胎児的なイメージ」であり、同時に詩作の胚芽なのだ。「神話は常に象徴的だ。（…）自身の中に生命を胚胎している。培地や培養液次第で、突然、多種多様極まる花々を咲かせることができるのだ。」詩人は自身のロゴスで秩序立てながら中へと分け入らなければならないが、この能力は非合理なものの〈源泉〉と分かちがたく結びついている、とも。「物語ることは、現にあるものの多様さからひとつの意義あるリズムを、神秘の解き難い記号のひとつを、心を惑わすものを、絶えず顕現しようとしていながら、絶えず我々から逃れ去っていくひとつの真実を聞き分けることなのだ。」パヴェーゼの概念的に相互に拡散する思考の生み出す像は、「運命」が語られる瞬間に大胆なものになる。その中に「生の真の神秘性」を認めるからだ。人間の非合理的な関与の理想化がそこには暗示されている。記憶も神話的な質を有している。「記憶とは、時間の渦の内部を動くことではなく、時間の外へと歩み出ることであり、我々とは誰かを我々に思い起こさせることである。」ランゲの丘という自身の出自となる土地によって結び付けられていると感じる神話的な領域への関与は、彼の文学作品のライトモティーフである。『故郷』（一九四二）からお気に入りの『レウコとの対話』（一九四七）や自死の直前に書かれた『若い月』（一九五〇）に到るまで、この主題は繰り返し呼び出される。「成熟こそがすべて《ライプニス・イズ・オール》」とは、シェイクスピアの『リア王』から取られたパヴェーゼの最後の小説のモットーだ。成熟は、ここでは神話的なものを経験する前提条件となる。『故郷』におけるのと同様に、田舎の世界（ここでは、パルチザン闘争も自然の循環の一部になる）は、不気味な様相を帯びる。季節の交代の中で、先祖返り的なものが顕わになる。「始原の原野」は、性と密接に結びついている。

始原的なものを文学的にどれほど深く見抜いていようと、女性たちとうまくいっていなかったら、何をやっても無駄だった。彼がどれほど性を挫折として体験したかは、日記にきわめて明白に表れている。一九三七年九月二七日、パヴェーゼは、こう書き綴っている。「なぜ女たちがいつも〈死のように辛辣〉で、アヘン巣窟で、不実で、デリラのごときであったか云々、の理由は、本来こういうことにすぎない。男は、――去勢されていなかったら、だが――どんな女とでも常に射精する。一方の女はまれにしか欲望の満足に達しない。そして誰とでも、ということはないし、恋人とでも――まさにそれ故に、だが――そうならないことも多い。そして、満足に達したら、他のことはもう何も夢見なくなる。快感への欲望から――正当な欲望、ということだが――どんな邪悪なことでもやってのける気になっている。そう〈せざるを得ないのだ〉。これは、生の根本的な悲劇だ。そして早漏の男にとっては、生まれなかった方がましなのだ。これは病患で、そのためには自殺の骨折りがいもあるというものだ。」さらに明け透けなのが一九三七年一二月二三日の記載だ。「心が剥がれ、深淵へと落下するこの気持ち、胸を引き裂き、破壊しつくすこの眩暈。四月の失望のときでさえも、僕はそれを感じたことがなかった。（…）失望も嫉妬も、かつてこの〈血の眩暈〉を自分にもたらしたことはなかった。必要だったのは、インポテンツであり、どんな女も（…）自分とは快楽を感じないだろう（ありのままを認めるしかない）という確信だった。そして、もうこの不安が浮かんでくる。少なくとも、恥じることなく悩むことができる。僕の苦悩は、もはや愛のそれではない。けれども、これは実に苦痛で、気力をことごとく打ち砕いてしまう。もし男でなかったら、自分の肉体を制御する力を持っていなかったら、欲求の声をあげることができずに女たちの間をうろつき回らなければならないとしたら、どうやって力を奮い起こして、持ちこたえることができるだろうか。これ以上に正当化できる自殺は存在するだろうか。」その二日後には、こう簡潔に書き留めている。「セックスが生の最重要事でなかったら、創世記はその箇所から始まりはしないだろう。」

自分の錯乱の現象形態に関するパヴェーゼの発言は、一様ではない。一様なのは、女性の欲望に対する憤りとなって現れる彼の羞恥心である。「ある女にその素質に潜む在り方を教えるものは、彼女の最初の浮気相手になるだろう。まさしくこれは、数学的である」と、一九三六年四月二六日には記している。時として、日記は女性蔑視に満ちあふれている。特に愕然とするような章句を、後の編纂者のカルヴィーノは一九五二年の初版では削除することになる。そのひとつは、例えば、ドイツ語訳でも同様に削除されている一九三八年一月一五日の記述だ。「女たちは、嘘つきだ。いつも、是が非でも嘘をつく。驚くにはあたらない。要するに、嘘は性器そのものにすでに潜んでいるのだ。女がそれを本当に〈味わった〉かどうかなんて、誰が知りうるだろう。巨大な一物を持った男なんて、何と滑稽なんだろう、赤くて、剥けていて、見るからに怒張して、神の眼前で射精して、吐き出すと萎んで、だらりと垂れる。ところで、女性器の方はそれを笑う口の外観をしているのだ。男はすべてを外で、日の光の中で済ますことができる。その一方で、女の中に押し入ってかき回さねばならない。そして、すべては子宮の中で、肉の根元で起こる。そして次に来るのは、この血、そこで生じる命、密かに熟れて、陰険で、恐ろしい命だ。」女性が身を許すことは、一方では熱望され、そのまた一方では永久の脅威と感じられている。「姦淫したら、それは女にとっては官能的喜びであり、男は奴隷となり、女は男の欲望に勝利を収め、性的価値が増し、翌日には、そうしたいなら、いつでも男をたぶらかせることを心得ている。男にはとうてい同じだけの自信は持てないことだ」と、一九三八年一月一九日の日記にはある。二月五日には、「一〇〇人の女のうち、九九人は娼婦だ」とも。そして二週間後の二月二〇日には、「女の純粋で、私心のない愛は、月額千リラより安くは売りに出ない」と断言している。根深いフラストレーションを感じさせる言葉だ。パヴェーゼの小説には、深い情緒的な感覚麻痺に、気力を奪う倦怠に、「無への欲求」に囚われた人物たちが繰り返し登場する。自然の原初的な力があれほど多く語られる背景には、彼の性的能力の不足も関係しているのかもしれない。彼は、生気の流れからは文字通り遮断されていると感じていたのだ。

その彼をまだ支えていたのは、文学的な営為だった。一九四五年以後、矢継ぎ早にいくつかの作品を出版し、一冊を出す毎にパヴェーゼは有名になった。トリノの小市民気質、ボヘミアンたちの世界、ランゲの農民生活といった題材は、真新しかった。彼の小説の大いなる直接性、急速なカットに場面転換、時間の飛躍、自分自身を語る登場人物、ダイアローグの多様さ、ジャーゴンの導入、それに完結しない文も、読者の感性を揺すぶった。「中でも、彼はもうひとつ別の時制の用法を差し込んだのよ」と、フェルナンダ・ピヴァーノは彼の美学的革命を解説する。「彼によってやっと〈近過去形〉も用いられたのよ。古典的な語りの時制である〈遠過去形〉だけではなくてね。」それでも、今日に到まで彼女の一番のお気に入りといえば、詩と日記『生の手仕事』である。よりによって自然が根源的なものの貯蔵庫の役を務めるという考えに、ピヴァーノは当時からすでについていけなかった。「丘を彼は常に乳房に譬えていたわ。いつもそうなのよ。あなた方も見たでしょう、サント・ステファノ・ベルボが実際どんな風なのかって。彼はそれを完全に理想化し、あの辺りをホラチウスが見るように見ていたの。でも、それは窓からの眺めで、野に立った眺めではないのよ。そこでは何が栽培されているのか、それらの植物は何という名前なのか、知りもしなかったわ。実際の風景を美化したイメージを抱いていたのよ。」

戦後、パヴェーゼが協力者たちを再びローマに招集した後、降って湧いたように社の所在地問題が論議の的になったようだ。エイナウディは、もうどうしてもトリノに拘《こだわ》るわけではなくなっていた。短いスイス亡命の期間中に、彼は作家のエリオ・ヴィットリーニを長とするミラノ支社の構想を練っていた。ヴィットリーニが他の何人かと一九四五年の五月に最初の会議を開いたとき、パヴェーゼとバルボは憂慮を示した。ふたりは、出版計画の主権はトリノかローマに留まることを主張し、ヴィットリーニの政治的理念にも同意しなかった。ミラノでは船頭が多すぎ、社の元々の性格を損なってしまう、という意見であった。パヴェーゼは、彼同様にアメリカの偉大なる発見者のひとりであるこの同僚との仕事を、まったく別様にイメージしていたのだ。アイディアに富んだこの魅力的なシチリア人は、彼やバルボと同じ土俵で事に結び付けられなければならないはずであった。今や、焼き串は裏返されたように見えた。ヴィットリーニは、雑誌『ポリテクニコ』の構想を持ち込んだ。また、一群の協力者がいて、ミラノの文化シーンに根を下ろしており、それだけにエイナウディ社内にまったく新たな相貌の足場を確立しようとしていた。しかし、どうすればそれが社の歴史と調和させられるだろうか。また、どのような犠牲を払って。ジュリオ・エイナウディとパヴェーゼの間に激しい意見の対立が生じる。エイナウディはこの活動的なシチリア人を好んでいたし、ロンバルディアの首都の経済的ダイナミズムに魅惑されており、ミラノをイタリアの将来の出版の中心地と見ていた。パヴェーゼは、ミラノ・グループのエイナウディ化とピエモンテ化に固執し、ギンツブルクやピントールの遺産を引き合いに出した。それに固執しなければならない、それこそが社のアイデンティティだ、と。一九四五年六月一日、フェリーチェ・バルボはエイナウディに宛てて次のように書いている。「君が多くの経験をしたことはわかる。それについては、いずれ話し合わなければならないだろう。さらに、君がここトリノでまたあらゆることにどっぷりと浸からなくてはならないこともわかる。自身の故郷でしか、旅や他の経験の後では平衡感覚を取り戻せないからね。僕自身がまさにこの回復の試練を経たことを、君は信じてもいい。ローマでの内輪の戦いは必要だった。だが、トリノと最後の悪夢と最後の反復不可能な経験も必要だったんだ。それについては、いずれ多くを君に語るだろう。君のところでは受け入れがたいことが持ち上がっている。もしかしたら、それは僕たちが手紙でしかやり取りしていないことに関係しているのかもしれない。それだけに、生の声が、居合わせることが、長い共通の時間が重要だ、以前そうだったようにね。（…）元気であり続けよと言うなら、調和がすぐにでも回復されなければならない。これは、エイナウディ社の調和にとっても当てはまることなんだ。」

しかしエリオ・ヴィットリーニは、一九〇八年生まれにもかかわらず、新しい世代の側に立っていた。彼は、二〇代の若者たちに、彼らが政治に無関心であり、なぜ彼らが政治に無関心なのかを理解させようと骨折った。自身、当初は政権に共感を抱いていたが、その後、反ファシズムに転じてパルチザンになったので、彼の言うことは信用を勝ち得た。そして、ヴィットリーニが『人と人にあらざるもの』（一九四五）で抵抗運動を主題とする政治的小説を書く一方、パヴェーゼの方は『八月の休暇』『レウコとの対話』といった新作では神話探求を開始し、内容的にも美学的にも完全に異なった路線を追求していた。パヴェーゼは、ヴィットリーニに対して疑念を持ち続けていた。それには、嫉妬も一役買っていたのかもしれない。エイナウディへの手紙の中で、彼はヴィットリーニを社の〈上院議員たち〉のひとりにすることを拒絶している。彼はあまりにもミラノ的なやっつけ仕事に巻き込まれている、と。エイナウディは、全体をもっと戦略的見地に基づいて観察するようパヴェーゼに訴えた。ミラノへの登場は、ミラノの諸出版社への宣戦布告でもあるんだ。まさに今は、経済的に「フェルトのスリッパを履いて登場する」ようじゃだめで、攻撃的でなければならない、と。モンダドーリ社とボンピアーニ社は、とりわけ外国の作家の部門では、大きな競争相手だった。五月二六日付けのバルボへの手紙には、こうある。「管理部門はローマ、トリノとミラノには一定の独立性を持った事務所。ローマに我々は中央事務局を設立して、政治的・国際的関係部門を育成し、その一方、ミラノでは我々の前線を固め、トリノではむしろ技術的展開を促進するつもりだ。管理と経済的マネジメントはミラノに置くことにし、そこで我々は目的に適った経済的・財政的な出版社運営に従事するだろう。トリノは、三社全体の生産を調整する技術マネジメントだ。」後に全部が全部そのように進んだわけではなかったが、エイナウディは再度文化的風土に対する彼の勘のよさを立証する。ミラノ・グループの抱合は、その数年前のローマ文社開設とまったく同様に、ふたを開けてみると賢い決断であったことが判明したからである。

時を同じくして、政治的路線を巡る意見の対立もあった。この社は、共産党に近かった。党書記長トリアッティは、エイナウディとは一九四四年にローマで知り合っていたのだが、エイナウディ社にグラムシの著作集を委託した。その他にも、社はロシア大使館の援助でマルクスの著書ひとつとマルクス主義文献の小シリーズを出版することになっていたが、党の伝声器になるつもりはさらさらなかった。それでも、スターリンの本は出した。エイナウディは「進歩的民主主義」という言葉を用い、これが社是である、土台は引き続き反ファシズムであるが、保守的諸勢力でも同じ立場ならは結束可能である、とも語った。こうして、フェリーチェ・バルボを軸としたカトリック左派のネットワークが形成される。一九四五年九月二九日、ヴィットリーニの『ポリテクニコ』誌の第一号が出版された。

この雑誌は二年しか生き延びなかったが、持ち前の非正統主義的路線で当時のもっとも重要な文化的集結場となった。内外の文学作品も掲載された。ヘミングウェイの『誰がために鐘は鳴る』が連載され、フランスのアヴァンギャルドや新しいイタリアの作家たちが紹介され、さらに同時代の英米哲学や造形芸術や建築に関する論考、それに日々の政治に関する寄稿も掲載されていた。文学と政治と学問は、ヴィットリーニによれば、「人間に有益な技術」として取り継がれてしかるべきであり、雑誌のタイトルもこれに由来する、自分たちは読者の手に〈文法〉を、文化的利用手段を提供したい、ということなのだ。

パヴェーゼは、ここに社の根本理念の水増しを見た。もとはと言えば『ポリテクニコ』は彼の気に入ってさえもいた。「君の構想は、キュクロプスに似ていて、我々を安堵させる。みんな、言っているよ。そんな具合なら、この雑誌はもうできたも同然だ、とね。」しかし彼にとって、ヴィットリーニはミラノそのものであった。根のない〈メトロポリス〉であり、反田舎的都会であり、同時に、完全に現代に飲み込まれた荒野であった。一方のトリノは、『八月の休暇』の言葉にあるように、「謎めいた現実」に、「常に記憶と結びついた豊かなイメージ」に溢れ、それ故にこそ「象徴的で、神話的で、時間を超越した」場所なのである。このピエモンテ人には、ヴィットリーニはあまりに未来を信じすぎているように思われた。一方のパヴェーゼは、社の旧来の性格に、トリノへの定着に、この街の体質に固執した。社との関係は、ますます難しいものとなる。一九四五年一二月七日、エイナウディはこう書いている。「〈僕は野垂れ死にしたくてしょうがない〉とか〈じきに休暇に出かける〉云々は、何の話だ。僕だって、ときには野垂れ死にしたくてしょうがないよ。だが、そんなことはもう気にしないことにする。気に留めないでいたら、仕事が気がかりなんてみんな忘れさせてくれるさ。そして、止めることなんてできない川のように人を流し去っていくのさ。ローマは君の気に入ると思っていた。かならずしも究極的な社の本拠地としてではなくて、君がより落ち着いて社の仕事を片付けられる場所としてね。どうして君は僕に向かって、手紙でにせよ、いい加減に一度まともに気持ちを打ち明けて、何が一番したいのか、どこに一番居たいのか、言ってくれないんだ。三週間たって、クリスマス休暇の最初の日にようやくパヴェーゼは返事を書く。「クリスマスの日を利用して、ひとりでオフィスの君の机に向かって、今月初めの君の手紙に返事を書いている。僕の印象では、互いに隠れん坊遊びをしているようだ。僕の個人的な状態は、重要じゃない。ここローマにいることは、別にどうということはない。反対に、喜んでここにいる。家がないことにも文句は言わない。相手をしてくれる女がいないことは残念と言えないこともないが、どこにいてもアットホームに感じることはできるんだ。繰り返すが —— どんな潰瘍を僕が患っていようと —— それとは関係のないことだ。それは、社の問題なんだ。僕たちは、どんどんバラバラに漂流していく。それが、ここローマで仕事を続けるやり方なんだ。それが、この仕事をまったくの無意味に感じさせるんだ。おまけに絶えず制約され、妨害される。それでも、僕たちはこの拠点を放棄することはできない。—— 数限りない理由からね。ここがとても気に入っているせいばかりではなくてね。僕たちがこれ以上もう先延ばしにできないものは、三者もしくはせいぜい四者での話し合いだ。良心の試練を伴った、ね。僕の見積もりによると、僕たちのジャーナリズム的活動を制限し、いくつかのシリーズものをやめ、ローマ支社を単なる一部屋に縮小して、そこで例えば僕が秘書ひとりと販売係ひとりと仕事をする、という結論だ。それでなければ、どれもだめだ。どうだい?」パヴェーゼは、他のすべてを吸収してしまいそうな『ポリテクニコ』の優先を憂慮し、ミラノの「分派主義」という言葉を用いる。第二の局面では、さらに直近の出来事に対する姿勢が問題だった。ヴィットリーニは解放を新たな始まり、古いシステムとの断絶と理解し、それは克服されたと見なしていた。それについては、言うべきことはもう何もない、今肝心なのは現在を形成することだ、と。パヴェーゼや、とりわけノルベルト・ボッビオ(彼は一九四六年にカール・ヤスパースの『罪の問題』の翻訳のためにエイナウディ社に加わった)は、反対の意見を代表していた。ファシズムは、新たなことが開始可能となるに先立って、まずは根本から洗い直さなければならない、と。

一九四六年一月、ローマでは社が破産寸前だといううわさが広まった。エイナウディは、ローマの各銀行の信用貸しに頼らざるを得ず、疑念の払拭に奔走した。春に、彼は『ポリテクニコ』を週刊から月刊に変更することに決め、それによってコストは削減されたが、その一方でヴィットリーニは影響力を失った。パヴェーゼは、ほっと一息ついた。一〇月に、彼はトリノに戻る。ビアンカマーノ街が再び社の本拠地になった。数週間後、パヴェーゼが責任担当した『アンソロジー・エイナウディ一九四八』が出版される。過去一五年間に出版された、もしくは間もなく出版される予定の文学作品および理論的著作からのダイジェスト版で、それぞれに解説がついたものだ。回顧であると同時に、誇らしい総括でもあり、ヘミングウェイ、シャーウッド・アンダーソンからナタリア・ギンツブルク、カルヴィーノ、カルロ・レーヴィを経てグラムシとクローチェに到るまで、ここにはすべてが網羅されていた。社史に関するエッセイの中で、パヴェーゼは集合的な力を蘇らせている。ヴィットリーニは、自分の雑誌についてはついでに言及しているにすぎないが、集合的なものの彼方で闘いを継続した。戦後のイタリア文化にとって、『ポリテクニコ』の意義はどんなに高く見積もっても見積もり切れないにもかかわらず、発行部数は低下し続けた。さらに一年後には、ついに終刊になる。これに与ったのが、当初の成功にもかかわらず、ヴィットリーニが左翼陣営内部で孤立していたことである。共産党の「忠実」な知識人たちからは、「講座のコムニストたち」(彼の命名だ) からとまったく同様に敵視され、さらにはエイナウディ信奉者たちからも見殺しにされたと感じた。それでも協力は継続されたし、それは社にとって大きな利益であった。このシチリアの著作家は、「ジェットーニ」シリーズ(バールや公衆電話で電話を掛ける際のコイン〈ジェットーニ〉に因んだ命名) を考案して大成功を収める。彼は、このシリーズでベッペ・フェノリオ、ジョルジョ・バッサーニ、ラッラ・ロマーノ、フランコ・ルチェンティーニを発掘し、雑誌担当を継続して、もっとも影響力のある編集顧問のひとりになった。とはいえ、ミス・ショットの方も華々しかった。トマージ・ディ・ランペドゥーサの『山猫』の原稿の採択を、そこで語られる関係の数々が旧弊だという理由で断ったのである。この小説は、ランペドゥーサの死の直後の一九五七年にフェルトリネッリ社から出版され、イタリア文学におけるもっとも重要で、もっとも成功した作品のひとつとなった。

ミラノの競争相手の行動は、パヴェーゼには受け入れがたいものであった。しかしながら、ヴィットリーニのような人々と違って、自分は時代の歩みにきちんと関与していないという空虚感に再三襲われた。マッシモ・ミラやカルヴィーノの〈レジステンツァ〉の経験を羨みもした。彼自身のコムニズムは、それに比べると、むしろ表面的な出来事だった。政治的なものは、彼には相変わらず遠くにあった。「民衆」の教育とは、何ら関係を持とうとはしなかった。小説『同志』（一九四七）は、図式主義に陥ってむしろぎこちなく、彼の著書の中で唯一イデオロギー的立場があからさまだが、それはむしろ代償行為だったのだろう。ここでは、政治参加は主人公をトリノでの放縦な生活と宿命的な「まったくの無への欲求」から解放するものだからだ。主人公は新しい人間へと、階級意識を持った〈政治的人間《ホモ・ポリティクス》〉へと成熟し、抵抗運動へと向かう。これほど画一的であることは、パヴェーゼには稀だ。たいていは、読者の納得の裏をかくからである。社にとって、極めて生産的な段階が始まった。協力者たちは、イタリアが変わりうることを確信していた。反教権主義の価値観を持つ自由な国、それを人々は待望した。パヴェーゼはローザ・カルツェッキ・オネスティによるホメロスの『イーリアス』新訳を担当したが、それは非常に念を入れて行われた。彼女とひとつひとつの語句について、イタリア語版にある種の違和感を作り出すことの必然性について、それはしかしわざとらしい印象を与えてはならないことについて議論を重ね、属格の重なりは避けるように求めた。「あなたのふたつの章節を拝受し、大急ぎで通読いたしました。第一印象は、すばらしいものです。（…）ですから、まず始めには、あなたの統語論的出来栄えへの賛辞です。この点は、あなたの翻訳のすばらしい新しさに思えます。ホメロスの〈子どもらしく、かつ老練な〉技法はイタリア語の文の中の反復と再開とによってとてもよく表現されているように思えます。とは言え、あなたはそれを〈しかし〉によって誇張しています。ほとんどが〈autem〉の訳し方の問題ですが、その語は単にホメロスの非統語論的構造を強調しているにすぎず、〈そして〉か、それに類するもので置き換えることも可能でしょう。テクストをイタリア語で声に出して読むと、〈しかし〉は端的にいって多すぎるのです（とりわけ、ボイオティアの箇所ですが、そこは多くを修正しました。なぜなら、エピソードの大々的な様式化にはわずかな近代化がどうしても必要だからなのです）。」ひとかどの綿密な文献学者にして輝かしい原稿審査者がここに姿を見せている。

一九四九年は、彼の文学的大勝利の年だった。三月から五月にかけて「孤独な女たち」の草稿が出来上がった。一一月には、トリノ三部作『美しい夏』（「孤独な女たち」もそのひとつ）が出版された。彼の最上の小説のひとつである。主人公のクレーリアは、ブティックに勤める自覚的な若い未婚女性で、店長からローマにあるアトリエのトリノ支店の開設を託されている。彼女は、ある自殺未遂の目撃者になる。彼女と自殺願望のあるロゼッタとそのブルジョワの女友達たちの間で、奇妙な関係の網の目が育まれる。クレーリアは慎ましい環境の出だが、社会的な昇進を成し遂げ、それを誇りにしている。彼女はロゼッタの弱さに軽蔑感を抱いているが、それでも惹き付けられている。ふたりには何か本能的なもの、生に対する深い二律背反が感じ取れる。ふたりは、人間関係の力学に身を任せることを拒む。カルヴィーノはこの小説に我慢がならず、パヴェーゼに対してクレーリアの雄「馬的性格」を非難した。しかし、驚くべきことに、女性敵視のパヴェーゼは、カルヴィーノよりもはるかに上手な女性像の造形に成功している。パヴェーゼは奥が深く、カルヴィーノは堂にいった性的不感症なのだ。

一九四九年一月一九日の日記の記述は、パヴェーゼの仕事への意欲を証言している。「チェッキの校訂、デ・ロベルティスの校訂、カジューミの校訂。おまえは偉大なる儀典長たちから承認された。彼らは言う、君は四〇歳だ、君は成功者だ、君は君の世代で一番だ、君は歴史に名を残すだろう、君は個性的な、本物だ……二〇歳のときにそんなことを夢見ていただろうか。なあ、どうだろう。今はもうおしまいか、とは言わない。僕は、何を欲していたかは知っている。そして、それを手にした今は、それがどんな価値か知っている。僕は、ただそれだけを欲していたのではない。続行し、それを乗り越え、もう一世代を飲み込んで、丘のように長続きすることを欲していたのだ。だから、失望はない。確認があるだけだ。明日から（常に、もっとも必要な健康が前提だが）惑わされずに続行だ。」しばらくは、うまくいく。そして、その断固とした口調を、パヴェーゼは後に主人公クレーリアの内的独白の中に移したのだった。『孤独な女たち』の執筆は、彼の自意識によく作用した。一九四九年四月一七日には、こう記している。「今日、『孤独な女たちの間で』は偉大な小説であることを発見した。〈上流社会〉という偽物の、悲劇的な世界への落下の経験は、気前がよく、妥当であり、クレーリアの〈もの欲しそうな《ウィストゥフル》〉な記憶に癒着していることも。もはや存在しない子どもらしい《ウィストゥフル》世界の探求へと出発して、彼女が見出すのは、この女たちの、このトリノの街の、現実となったこの夢のグロテスクで、陳腐な悲劇だ。彼女自身の、彼女が慣れ親しんだ世界の空虚さの発見。宿命として存続するもの（「欲していたすべてを、私は成し遂げた」）。」この感覚は、パヴェーゼも共有していた。三部作の最後の作で、彼は自分の文学的能力の頂点に達したと感じていた。それは、数か月後に名高いストレーガ賞の受賞によって立証されることになる。それに先立って、一九四九年一一月二四日に、社はこの三部作の出版祝いを行った。「同僚たちの敬意に満ちた祝辞。成功者のポジション。若いカルヴィーノに年の功で助言を与えた。僕はとてもよく仕事をしたんだ、と弁解した。君の年齢では、僕も遅れをとっていて、危機にあったんだよ。僕が二五歳の時に、こんなことを言ってくれた人がいたっけ。いや、僕は〈荒野《ヴィルダネス》〉で大きくなったんだ。コネもなく、この未知の世界で自分の浮き輪を用意して、ある日突然そこから浮かび上がり、他の者たちがそれに気づいたときにはもう巨人になっている、という自負だけで。うまくいくと思うよ。それが、僕の力だ。」そして、一二月一五日には、彼の言葉は落ち着いた、未来を確信した感じを与える。「問題は、おまえがそんな奇妙な動物になったことだ。成功者、権威のある名前、〈大人物《ビッグ》〉。話を切り出すにはどうすればよいのかを自問していたあの青年はどこにいるんだろう。ホメロスやシェイクスピアを思うと憔悴し、青ざめていた若者は。仕事がないので自殺をしたいと思っていた二〇歳は。美人を自分のサイズでやり込めることができるかと考えながら、拳を握りしめていたあの不実者は、などなど。おまえの物語で成功するのは若い連中だけだということは、明白だ。おまえがしたのは、ただひとつの深くて、私心のない経験だ。〈大《ビ》人物《ッグ》〉を主題とするのは、おまえが老人になってからだろう。ふたつの大人の経験——成功と意義、過ちと無価値――をおまえは得て（四五年から四九年と四三年から四四年）、すでに扱った（「孤独な女たちに間で」と「丘の中の家」）。それらをさらにきちんと仕上げなくてはならない。」

しかし、この高揚状態は長くは続かない。自己嫌悪に取りつかれたのだった。『孤独な女たち』の中で前もってイメージした自殺には、何か不気味なところがある。作家としての大成功は、情緒的・性的不能を彼の目にさらにあからさまに見せつけたようだ。パヴェーゼは、自分では再三インポテンツという言い方をしていたが、〈射精不全〉を病んでいたのは、様々な証言から明らかである。一九四九年の大晦日に、彼はローマの友人たちのところでコンスタンスとドリスのドーリング姉妹と知り合った。ふたりはニューヨーク出身のアメリカ人女優で、ネオレアリズモ映画のためにイタリアに来ていた。抑え目な演出をするアントニオーニ監督の映画に出演しようと望んでいたのだ。ドリスはジュゼッペ・デ・サンティスの「苦い米」の一役を手に入れ、コンスタンスはマリオ・ボンナルドの「苦しみの街」に出演した。パヴェーゼはすぐに姉妹の計画に夢中になり、躁病的な性急さで、シナリオの素材を探し始める。三月に、コニーは静養のために数日を冬の保養地チェルヴィーニアで過ごした。パヴェーゼは、同行する。「今朝、五時か六時。朝の星が、大きく、雪の山々に滴るようだ。オルガスム、動悸、不眠。コニーは、柔らかくて、しなやかだった。だが、総じて、よそよそしく、ぎこちなかった。」三月六日には、そう記している。三日後、「なぜ僕は月曜日にやってみなかったのだろう。不安から？　一三日の金曜日への不安からか。僕のインポテンツへの不安からか。恐ろしい一歩だ。」次は、三月一六日。「この一歩は、恐ろしかった。それでもやった。彼女の側の信じられない従順さ、希望の言葉、〈ダーリン〉、微笑み、僕と一緒にいることの長く繰り返される喜び、チェルヴィーニアの夜々、トリノの夜々、彼女は、子どもだ、普通の女の子だ。それでも、女の子なんだ——恐ろしい。僕の心の奥底から。そこまでは、僕は値しない。」コニーはローマに戻り、パヴェーゼはラブレターの雨を浴びせた。「君、まだらな微笑み、三月の風（You, dappled smile, wind of march）……。」パヴェーゼは持続的な関係を望んでおり、日記で所有と被所有の問題について多弁を弄しているが、コンスタンスにとっては単なる情事だったようだ。三月二七日。「無だ。腹の中に一片の炭がある。灰の下の残り火だ。ああ、コニー。なぜ、なぜなんだ。」最後には、「わかった。彼女は手紙を書いて寄こした。こちらは、話をした、長距離電話で。彼女は、すぐには僕を欲していない。なら、いいとも。それで、いいんだ。仕事をしよう。」彼は、詩を書く。その後コニーは、二カ月たったらヨーロッパに戻ってくると約束して、アメリカに旅立った。もしかしたら、パヴェーゼは彼女ためのシナリオを見つけるかもしれないじゃないか。「けっして忘れないわ（I will never forget you）」という彼女の言葉を、パヴェーゼは事後の子ども騙しの慰めと感じる。毎週、彼はローマに置き去りにされたドリスと連絡をとるが、それもほとんど慰めにはならない。初めの数週間、パヴェーゼはコニーにひっきりなしに手紙を書き送った。「最愛の君、僕はもう詩を書く気分にはない」と、四月一七日の手紙には記されている。「詩は君と一緒にやってきて、また君と一緒に消え去ってしまった。これは、ホテルで君を待っていて、君に電話するか躊躇っている長い時間の間に書いたものだ。悲しみを書いて、ごめん。でも、君と一緒でも、やはり〈悲しかった〉んだ。ある詩は英語で書き始め、書き終えたら別の詩になっていた。そこには、僕が今月に体験したすべてが含まれている——恐ろしいことも素晴らしいことも。最愛の君、君が分かち合えない気持ちのことばかり語っているとしても、悪くとらないでほしい。それは、わかってもらえるね。僕が心から君に感謝していることを知っていてほしいと思う。君の生活からもぎ取ったわずかばかりの素晴らしい日々は、僕にとっては多すぎたくらいだ——わかったよ、それらは過ぎ去ってしまったんだね。今、恐ろしさが始まる。剥き出しの恐ろしさだ。そして、心づもりはできている。牢獄の扉が突然閉まる。最愛の君、君は僕のもとには帰ってこないだろう。たとえ君の足が再びイタリアの地を踏むことがあっても。僕たちはふたりとも、とてもかけ離れたことに携わっていて、僕たちが出会うことなんかありそうもないんだ。ましてや結婚なんて問題外だ。必死に望んではいたけれどね。幸福なんて、ジョーやらハリーやらジョニーが口にするもので、チェーザレではないんだ。信じてくれるだろうか——今じゃもうお芝居をして君を何かしらの罠に誘い込もうとしているなんて怪しまないだろうけど——昨夜、自分の運命を思い巡らして子どものように泣いたことを、そして、必死に生と戦っている哀れな強い女である君の運命のことをも思い煩って。かつて君に同意できないことを何か言ったり、したりしたとしたら、許してほしい。僕の心をずたずたに引き裂く苦しみのことはみんな許すよ。いや、歓迎するとさえ言おう。この苦しみは、君だ。本当の恐ろしさであり、素晴らしさだ。春の顔よ、さようなら。」連絡は、途絶える。パヴェーゼのもとにはドリスが残り、彼女に息つく間もないほど手紙を書き、シナリオの提案をする、それがコンスタンスをまた呼び戻すのでは、と期待して。ドリス・ドーリングはデ・シーカとコンタクトを取ろうと努めるが、監督の方では沈黙に身を隠している。パヴェーゼの提案に関心を示すものは誰もいない。「苦しみのカデンツァが始まった」と、五月八日の日記には書き留めている。「毎夕、黄昏が始まる頃に、心臓の刺すような痛み——夜中まで続く。」六月二四日、ストレーガ賞の最終選考（クルツィオ・マラパルテとニコラ・リージのような著名な作家たちと競い、授賞もした）に向けてローマに旅立ったとき、ドリスが彼に同行する。肩の顕わなイブニング・ドレスを着て彼の隣に座っている写真がある。「ローマでは、礼賛。それで？　みんな、砂の城だ。最後の甘味をDから受け取った。あの彼女からではなくて。」禁欲主義は、自殺だ。」私たちは、フェルナンダ・ピヴァーノにこの女優たちのことを尋ねる。パヴェーゼは当時、彼女とはもう疎遠になっていた。「ふたりのアメリカ女性は、とてもおしゃれだったわ。彼の方は、おしゃれとはまるで無縁なタイプだったけど」と言う。「ふたりは、その後、完璧に彼を打ちのめしたのよ。」いつものことではある。しかし今度に限っては、パヴェーゼはもう立ち直れない。

約束とは異なり、パヴェーゼがローマに送ったシナリオのスケッチやシノプシスがあるにもかかわらず、コンスタンスはヨーロッパには戻らなかった。戦後期の内政的活力が枯渇し始め、社会改造の失敗が際立ってきたことも一役買ってはいたかもしれないが、パヴェーゼの鬱の増進に決定的だったのは、それとは違うものだった。彼は、短期間、ピエリーナという女性に夢中になり、手紙を書いては、自分の窮状を告白し、何らかの形で近づきを得ようと必死になっている。一九五〇年八月一七日には、彼は自分の状態を流砂の中のもがきと名付けている。コンスタンスからは解放され、彼女の名前は挙げていない。自分の病患は、冷静に無視しようと試みた、と彼は言う。「残っているのは、どれが自分の最高の勝利か今では知っていることだ――そして、この大勝利には肉が欠けており、血が欠けており、生命が欠けている。僕はもうこの地上では何も望むものはない。一五年間の挫折をこれから消去する他には。これは、終わらない年月の清算だ。それを終わらすことはないだろう。」そして、八月一八日には、「この痛みが決定的で、正確であればあるほど、生の本能は抵抗し、自殺の考えは色あせる。それを考えると、楽に思える。それでも、小娘たちはそれを行った。必要なのは謙虚さで、尊大さではない。こんなことはみな、吐き気を催させる。言葉ではない、身振りだ。もう書くのはよそう」と、日記を締め括っている。八月一六日、パヴェーゼは予定よりも早くトリノに戻ってきて、人気のないこの街でホテルの部屋を借りた。彼の姉は不安を感じるあまり、休暇を切り上げる。パヴェーゼは、なお二、三度ラマルモーラ街で寝泊まりした。週末に、旅行を口実にして姉のマリアにトランクを詰めてもらい、再びホテル・ローマに入った。あの「小娘たち」のひとり、ロゼッタの場面に描かれているのとちょうど同じだった。三日後、彼はホテルのベッドの上で死んだ姿で横たわっていた。友人たちは彼の別れの言葉の中に、前年にエイナウディ社から作品が出版されたマヤコフスキーを暗にさすものを見つけた。弾を頭に撃ち込む前に、このロシアの詩人は次のような手紙を書いていたのだ。「自分が死んでも、誰のせいにもしないでくれ。騒ぎ立てないでくれ。死者は、噂話を好まない。かあさん、姉妹たち、仲間たち、私を許してほしい。」パヴェーゼの方は、「僕はみなを許す、そしてみなに許しを求める。いいね？　あれこれ騒ぎ立てないでほしい。」

パヴェーゼの死について尋ねると、フェルナンダ・ピヴァーノはしばらく黙して語らない。「それを知って、私は社に駆けつけたわ。恐ろしいことだった。自殺の話はしたことがなかったわ、日記で初めて知ったのよ。思い出したくないわ。彼の詩を思い出すほうがいいわ、あれは、死ぬことはないから。」エイナウディにとって、パヴェーゼの死は衝撃だった。彼がその一歩を踏み出すなど、誰も予期していなかった。社から一挙に中心が、建物を支える要が取り去られた感じだった。しかし、彼の別離は促しでもあったのだ。一九五〇年九月一五日、カルヴィーノはジャーナリストのヴァレンティーノ・ジェッラターナに宛ててこう書いている。「僕の文〈彼は我々に生きることを教えるために、自らを殺めた〉は、急いで書き流したものにすぎなかったが、十分な根拠はあったんだ。第一に、彼自身、死の数日前、バルボとの会話の中で〈社を去る〉可能性を語っていた。そうすれば、我々は〈自身を苦境から救い出す術を学ぶだろう〉とね。〈社〉を〈生〉に置き換えてみたまえ、そうすれば、君はその文が我々の仕事にだけ限定された意味を持っているのではないことがわかるだろう。」

パヴェーゼにとって、最後には疎外感と孤独感が残されているだけだった。彼は殻に閉じこもって自分を傷つけ、出口を見出さなかった。創作活動という防波堤も、もはや役に立たなかった。書こうと思っていたことは、すべて書いてしまったのだ。彼は、自作の「孤独な女たち」よりも孤独だった。あの小説の中の若者たちは、劇を上演するという計画を立てていた。世紀転換期の何らかのドラマを。それが、あたかも本当の生への関与の代わりをなし得るかのように。クレーリアには、そのアイディアが気に入らない。ストッキングや夕飯のために金を稼がなくてはならない人などいなかったのだ、と。あの女たちは、生活の側には身を置いていないのだ、と。クレーリアとは違って、パヴェーゼには自分の孤立に打ち勝ち、生と関わりを持つことはどうしてもできない。もしくは、コンスタンス・ドーリングに対して自分を言い表したように、「死は、誰をも見逃さない。／死はやって来て、君の視力を奪うだろう。／それは、悪癖をやめるようなもの、／鏡の中にまた現れる／死に顔を見るようなもの、／閉じた唇の声に耳を傾けるようなもの、だろう。／押し黙って、我々は深淵の中に降りていこう。」

私たちはもうしばらくフェルナンダ・ピヴァーノのもとに留まり、彼女と語り合う。彼女の翻訳について、たくさんの跋文とエッセイについて、アメリカの作家たちについて。生涯にわたって、どれほどパヴェーゼの不在が身にこたえたかについても。とっぴなビート族たちとの友好関係、ブコウスキーに始まりケルアックを経てアレン・ギンズバーグやフェルリンゲッティに到る友好関係、それが助けになったの。そして、ボブ・ディランが八〇年代の終わりにコンサートのステージに呼び上げてくれたときの、もっとも美しい思い出も。最後に会ったのが二〇年も昔のことだから、自分のことをまだ覚えていてくれるなんて、まったく信じられなかったけれどもね。パヴェーゼがいなかったら、彼女はそうしたすべてをけっして体験することはなかっただろう。私たちが暇乞いをして、最寄りの地下鉄の駅を訪ねたとき、彼女の返事は「すてきなタクシーをお使いなさいな、レディは自動車に乗せて行ってもらうものよ」だった。二〇〇九年の夏、フェルナンダ・ピヴァーノは亡くなった。彼女の遺品には数多くのパヴェーゼからの手紙があった。誰にも見せたことのないものだった。後にわかったことだが、ラブレターも。夜行列車で一緒にローマへ行ったことが語られている——朝にパヴェーゼはホームに降りて、トリノに戻る次の列車に乗った。

パヴェーゼの死後

——プリマドンナ・ジュリオ

五〇年代の半ば、映画監督ミケランジェロ・アントニオーニは、パヴェーゼの小説「孤独な女たち」から映画を作る。『女友だち』である。シナリオは原作とかけ離れており、毛皮のコートを着たクレーリアと猫のようなモニカがパヴェーゼの人物たちと幾分共通する点を持っているだけだ。しかし、アントニオーニはこの白黒の画面の中にトリノのひとつの姿を捉えている。戦後の実際のトリノに非常に似ているに違いないトリノだ。『女友だち』の中では街頭の人や車の往来は閑散としており、広場は人気がなく、ポー河沿いの一帯には新たな建物が聳えている。さらに、クレーリアが宿泊するエレガントなホテル〈アルベルゴ・リグーレ〉やシャンデリアのある華麗な〈カフェ・トリノ〉と、街の民衆的な区域ポルタ・パラッツォの労働者の酒場や市場には著しいコントラストがある。映画の中では、クレーリアが馴染んでいるのは裏庭や荒れた上り階段だけだ。彼女の子ども時代の家々のものだからだ。彼女の社会的上昇は、地形学的に取り決められている。モード・アトリエを設けたのは、ポー通りのアーケードの下だ。ポー通りは今日もショッピング通りで、衣料品店や靴屋やパン屋やカフェや古書店などがある。トリノでポー通りにいると、屋内空間にいる気がすることがよくある。アーケードの幅は六メートルを超え、高さはちょうど馬に乗っても快適に通れるほどだ。同じファサードを持つ建物が並んで、カステッロ広場からヴィットリオ広場まで下り一直線に延びている。通りは常に中心街と河岸の間の連絡路となり、ポー河に架かる橋に続いている。ポー通りを街の外に向かって下ると、二〇分後には巨大なヴィットリオ・ヴェネト広場に立つことになる。トリノ市民には単にヴィットリオ広場と呼ばれ、河に向かって開けている。そのために街の閉鎖的なバロック広場とはまったく異なった印象を与える。数年前までは、この長い長方形の広場（三分間隔でトラムが横切っている）は、とりわけ駐車場として利用されていた。二〇〇六年の冬季オリンピック以来、車は地下に駐車できるようになり、広場は再び街の一部となった。何軒かの新しい飲食店もできて、ここはとりわけ夜間には大賑わいだ。

ヴィットリオ広場が計画されたのは、ポー街ができた後だった。ナポレオン治下で活気ある市民生活が発展し、街が経済的飛躍を遂げ、建築家がトリノの美化を委託されたときのことである。この短い繁栄は、極めて反動的なヴィットリオ・エマヌエーレ一世の下で急速に過ぎ去った。ヴィットリオ広場は、それでも完成されなければならなかった。最終的に出来上がったのは、アーケードとドーリア式列柱廊と破風付きでどっしりとした張り出しを持つ、シンメトリカルで四階建ての街区だった。

河の対岸を見渡すと、厳格さという印象は消える。グラン・マードレ教会の丸屋根の背後では、街の東を取り巻いているトリノの丘が始まる。そこには、建造物は許されない。風景の中に融け込んで、広場や隣接する街路の碁盤目の姿は、突然柔らかみを帯びる。とりわけ、日暮れ時や霧が出たときには。右側には、カプチン教会のあるモンテ・デイ・カップチーニが見え、さらに一区画ほど離れた反対側には、バロック様式の白と茶色のドーム状の建築物が聳えている。〈スペルガ大聖堂〉だ。私たちは河岸にいて、遊歩道に沿って教会を常に目に留めながら歩いている。否応なしに、一九四九年の惨劇が私たちの脳裏に浮かぶ。明るくなり切らない典型的なトリノの霧の日のことだ。午後五時、一機の飛行機が大聖堂の壁に激突して大破した。搭乗していたのは、FCトリノのサッカー選手団。当時、宿敵のユヴェントスを大差で引き離して市のナンバー・ワンになっており、何年にもわたる勝利の連続で〈偉大なるトリノ〉と呼ばれていた。一一人のナショナル・チームのうち一〇人を出し、戦争で打ちのめされた国の新たな誇りを具現化していた。埋葬の日、一〇〇万の人々がヴィットリオ広場とポー通りとローマ通りとカステッロ広場の間に集結した。〈トーロ〉のファンは、今日に到るまでチームはけっしてこの大事故から立ち直っていないという意見だ。トラムやショッピングで私たちが小耳にはさんだ男たちの間の会話の大半は、〈イル・トーロ〉と〈ラ・ユーヴェ〉をめぐるものだった。

少し歩いた後には、岸の上方に五〇年代の複雑に枝分かれしたレンガ作りの低層の建物が目に入る。階段を昇っていかなければならない。ここには、出版人ジュリオ・エイナウディが家族と住んでいた。二〇〇九年秋、一〇月らしい午前に、品のよい老婦人が私たちを迎えてくれる。レナータ・エイナウディ・アルドゥロヴァンディは九〇歳に近く、今なおその建物の同じ区分に居住している。「以前はずっと大きかったのです。今では、分割してしまいました。でも、家具は、一部はジュリオがいたときのままです。彼は趣味がよくて、とても独特のスタイルを持っていました」と、出版人の未亡人は説明し、私たちを大きな居間へと導く。テラスの窓はポー河に面しており、その空間は明るくて感じがよい。大ぶりなソファーに年季の入った食卓、それにカラフルな扉付きの一七世紀の作り付けの戸棚がある。レナータ・エイナウディは二番目の妻で、三〇年以上結婚生活をともにした。最初の結婚で、ジュリオ・エイナウディはすでに一女をもうけていた。レナータ・エイナウディは出版社で仕事を始めた当時のことを生き生きと語る。歳とは思えないほどだ。彼女は、名前や場所や日付を淀みなく挙げるが、動作だけがゆっくりと慎重で、まるで空気が重すぎるかのようだ。「わたしは、トリノ人ではありません。もともとはミラノの出身です。父は指揮者で、大のヴェルディ好きでした。カルーゾとラテン・アメリカに演奏旅行をしたこともありました。二〇年代の終わり頃には、クラシックのコンサートはファシストの国歌で開演するのが義務となりました。父は、拒絶したのです。党にも入ろうとはしませんでした。それでイタリアでの彼のキャリアも終わったのです。ＢＢＣがオーストラリア巡業のためにイタリア人の指揮者を探していました。父は、申し出を受け入れました。私は、一緒に行きたくはありませんでした。兄はとっくに抵抗運動に加わっていました。」ローマのボッテーゲ・オスクーレ通りでレナータ・エイナウディはパヴェーゼと偶然行き会ったところ、彼は社の文書保管室の世話をしないかと持ち出した。「わたしは良家の子女のための典型的なイタリア教育を受けていました。ピアノと外国語を少々、家柄にふさわしい結婚のための準備教育です。でも、パヴェーゼはそれに加えて、わたしに英語を翻訳することを教え込んだのです。」当時、晩にはたいていパヴェーゼやフェルナンダ・ピヴァーノと過ごした。この街は、よそ者には住みよいところではありませんでした、と回想して言う。「でも、パヴェーゼとはとても親しくしていました。いつもあけにとられるのは、彼が楽しそうに自分自身の話をしたことや、付き合いのあった女性の話を何でもすることでした。自分が気難しい人物であることは、彼には気に入っていました。ロマン主義者だったのです。いずれにせよ、いつも自殺の考えをちらつかせていました。わたしは真剣に受け止めたことはなかったのですが。」一九四四年、レナータ・エイナウディはジュリオ・エイナウディと同様にアオスタ峡谷の〈ガリバルディ旅団〉に参加した。その当時の写真がある。卓状の岩の上で休憩しているところだ。ジュリオ・エイナウディは半ズボンを履いて、スノーグラスを額の上に押し上げている。細身で、カールした黒髪のレナータ・エイナウディは彼にもたれている。「ジュリオがそこにいたのは、わずかな間だけでした。それから南の方角へ出発したのです。軍事的な作戦には、わたしは参加しませんでした。大半の女性たちは、連絡係を引き受けていたのです。わたしは、とりわけ秘書の仕事をして、命令をタイプで打っていました。政治的状況は、当時、波乱に富んでいましたが、今日ほど複雑でもありませんでした。みんなどの側に立たなければならないか、わかっていたのです。大いなる単純さがあったのです。——危険を顧みず、死ぬことさえもできました。わたしたちはとても気前がよくて、命に関してさえもそうだったのです。きっと、若さのなせる業だったのでしょう。」何人かの友人が戦闘で命を落とした。「エイナウディ社と政治活動は、わたしにとって反ファシズム的な両親の家庭の論理的な延長だったのです。わたしは、行き着くべきところに行き着いたと感じていました。」レナータ・エイナウディはそう語る。

ジュリオ・エイナウディが自身の決断にそれほど確信を持っていたことは、一生涯にわたって続いた父親の援助とも関係していた。一九四四年に息子が安全なスイスを離れてパルチザンに合流した後、父ルイージ・エイナウディは彼に誇りと温情にあふれた手紙を書いた。ジュリオは出版社を立ち上げることで、「私が為してきたことよりもずっと多くの価値ある事業を始めた。それは、イタリア人の精神生活の中の輝く松明であり、そうあり続けることだろう。」おまえの功績は、まさしく権力に屈しなかったことにある、とも。そして、こう結んでいる。「おまえは、何者かであったし、再びまた何者かであり続けるだろう。おまえは——必ずしも経済的な観点で言うのではない、それはおまえの領域ではまったく何の意味もないのだから——自分を群れから区別する原則を堅持し続けるなら、おまえの領域で精神的な主導者であり続けるだろう。到る所で真実の言葉を探し求め続けるのだ、例えそれが権力の座にいる者たちの言葉とは違ったものであろうとも、たとえおまえを孤立させるものであろうとも。これまでの自分でいつまでもあり続けるのだ。」自分の夫は父親の影響をいつも否認していました、とレナータ・エイナウディは明言する。でも、ルイージ・エイナウディはとても重要な人物だったのです。彼女の方は、義父のことは高く評価していた。「講義をすると、ホールは寿司詰めで、人々は入口のフロアまで溢れていました。彼の思考は流れる水のようで、止まることなく、生気に満ちていました。」レナータとジュリオは、三人の子どもをもうけた。娘はエレーナとジュリアーナ、息子は後に演奏家にして作曲家になるルドヴィーコである。とはいえ、この出版人は小さな家庭にとどまる人間ではけっしてなかった。住まいは、社の分室となった。イタロ・カルヴィーノがそばに引っ越してきた。同じ家屋の、一階だけ階段を昇ったところだ。「母親としてのわたしには、厄介なことがずっと増えました。わたしが守らなければならないのは、ひとつのリズムでしたから。ジュリオは、けっしてそんなことはしませんでした。単純な人間ではなかったのです。」レナータ・エイナウディは、七〇年代の終わりに夫の奔放な行動にうんざりして離婚したのだが、思慮深い人間であり、夫の悪口を口外したりはしない。私たちは再びパヴェーゼとコンスタンス・ドーリングに話を戻す。「それは、大きな誤解でした。彼女は彼にまったく興味がなかった、と思います。彼は私にこう言っていました。〈いいかい、彼女はシェイクスピアを演じているんだよ!〉と。女優が彼女の仕事なんだから、何も特別なことではないわ、とわたしは言い返しました。彼はまったくナイーヴで、わたしは彼には遠慮なくものを言いました。私たちはその上こう言って彼を怒らせました。〈あなたは、別の女の人を見つけるでしょうね。また、あんなアメリカ女性のような〉と。わたしたちがあの日曜日にトリノにいたら、彼があのような行動はしなかったかなんて、誰にもわかりません。彼はみんなのところに電話していたことがわかりました。でも、わたしたちはまだ旅行中でした。夏の真っ盛りでしたからね。」多くの時間が過ぎ去りました、とレナータ・エイナウディは思わしげに言う。六〇年ほど経ちましたが、当時の驚きはまだ残っています。

自殺――カトリックの戦後イタリアではあまりに過激なこの意思表示は、うわさの炎を掻き立てた。『週刊INCOM』という、芸能界のゴシップのための特別ページのある同名の週間映画ニュースの凹版印刷の付録に、一九五〇年九月九日、ひとつの追悼文が載った。パヴェーゼは、「彼が戦おうとした腐敗した世界が実際には存在せず」、したがって「もっとも大切であったものを、戦いの相手である敵を、すなわち憎しみを失った」ことを理解した瞬間に自らの命を絶った、と記してあった。記事の隣には、〈ある作家のかがり火〉というキャプションを付けてパヴェーゼの写真が添えてあった。最後の小説『月とかがり火』のタイトルへのあてこすりである。エイナウディ社の同僚たちは激昂し、反撃としてパヴェーゼの何通かの手紙を出版して、彼の孤独と絶望の大きさを伝えようとした。その一年後にコンスタンス・ドーリングに捧げた詩の遺稿が出版されたとき、改めて公開で白黒を争う論争が生じる。六月六日、有力な文芸批評家ジェノ・パンパローニは詩の出版を「厭わしい出来事」と呼び、これはパヴェーゼの死を「ありきたりの失恋話にする根も葉もない陰口」と関係づけるのに与っており、まさしく作家自身が恐れていた通りのことだ、と述べた。「政治的友人たち」の目論見は、彼の死を「不幸だの、挫折だの、愛の幻滅だの」のせいにするものだ、とも言っている。カルヴィーノは激怒してパンパローニの出過ぎた言動に対し、詩は印刷に回せる状態で書き物机の上にあった——したがって、まったく明らかに公表を意図した遺稿であり、パンパローニが記事の中で憶測しているような、非公開にすべき原稿への侵害ではない、と釘を刺した。「思うに、それにはひとつの答えしかない」とは、カルヴィーノの返答だ。「君は我々の時代のもっとも嘆かわしく、もっとも陳腐な災厄のひとつ、すなわち反共産主義と戦う覚悟をしなかった。この傾向は、君と折り合わないあれこれの事柄に対する防衛本能のなせる業かもしれない。そして、我慢は長く続かず、攻撃的で火花を散らすまでになったのだ。」カルヴィーノがしかし、いくつかの特にデリケートな箇所を日記から削除したことは、また別の問題だ。

その後、パヴェーゼの『生の手仕事』の出版が予告されたとき、パヴェーゼのかつての師アウグスト・モンティも憂慮して、エイナウディに問い合わせた。「パヴェーゼが死の直前にあの本に書き入れた遺言は、〈僕はみなを許す〉という言葉で始まっていた。——そして、これは、目下、論争的な性格を帯びたり、復讐と迫害妄想の印を押されたりしている著作の出版に関して、以前には妥当した自由な裁量の権利を倫理的に、もしくは法律的にも失効させるに十分だ。遺言は、〈あれこれ騒ぎ立てないでほしい〉で終わっている。我々みなにわかっているのは、こうした文言の公刊はまさしくこの騒ぎ立てを現実のものにすることだ。彼の遺志に対する敬意から、もし君がパヴェーゼの名に値する人間であることを証明しようと思うなら、私の判断にしたがってこの日記の出版を思いとどまってほしい。」エイナウディは、あなたは明らかに誤った情報に基づいています、と返答した。『生の手仕事』は、とりわけ覚書と批判的省察から成り立っており、「心の歴史」です。「パヴェーゼは出版されるべき本として我々にそれを遺したのです。それには、疑問の余地はありません。」そして、一九五二年の秋に、その書は出版され、たいへんな反響を引き起こした。あらゆる日刊紙に数ページにわたる批評が掲載された。エウジェニオ・モンターレは『コッリエレ』に、ジャンニ・ヴァッティモは『レスプレッソ』に、マッシモ・ミラは『ウニタ』に、そしてアントニチェッリは『ラ・スタンパ・セーラ』に。最高の文学的水準で議論がなされた。そして、これこそがエイナウディの目指した圏域だった。この出版社に重要なのは、啓蒙的にも影響力を持つ選り抜きの議論であった。『週刊INCOM』や一九五四年以来テレビで広まった大衆文化とは、何ら関係を持とうとしないものだった。「知識人の間では、当時、種々の軋轢にもかかわらず、ひとつの強い団結が存在しました」と、レナータ・エイナウディは言う。「すべてが今とは違っていました。街は小さくて、見通しがきき、人々は互いに顔見知りでした。書物は、神聖なものでした。今日ではもう、そういうわけにはいきません。わたしたちのエイナウディ社の出版物は、黄色の装丁で知られていましたが、何か訴えるものがありました。意識に適っていたのです。エイナウディ社の本を買った人は、自分にとって正しい選択をしたという確信が持てたのです。」一九五一年には、未だに住民の一四%が文字を読めなかった。南部では、平均して一五%から三〇%の間だった。これに続く数年間のエイナウディ社の登り坂は、社会全般に広まった教養攻勢と読者層の増加とも関連していた。パヴェーゼの死後、社には広範囲に及ぶ激しい政治的議論が生じる。ノルベルト・ボッビオは、ある会議で「文化的主導権」という言い方で、それがこのところエイナウディ社の主調をなしている、と語った。それを我々は誇りにしてい

ナタリア・ギンツブルクの小説『ある家族の会話』ストゥレーガ賞受賞式の際のジュリオ・エイナウディ（右から二番目）。ナタリア・ギンツブルク、イタロ・カルヴィーノ、フェリーチェ・バルボと、一九六三年

るが、その先はどうするのだ、とも。水曜会議の議事録は、個々人の足並みをめぐってどれほど言い争ったかを証言している。とりわけ、若い社員たちは空白状態という診断を下した。反ファシズム文化は、〈レジステンツァ〉の経験の報告や素朴な住民の証言や〈正義と自由〉シンパのエッセイやネオレアリズモの小説と映画などによって、確かに戦後直後の時期の課題を果たしたが、今は新しい何かを提供していないに等しかった。ファシズムと抵抗運動は、この国を深刻に二分してしまっていた。エイナウディ信奉者たちは、「無秩序状態や無政府的分裂状態」という言葉を口にした。ボッビオは、州・県割りを脱することに主たる

課題を見ていた。さらに、新しい編集顧問たちは社を政治的機関と捉え、新たな文化政策の路線を確立しようと欲していた。マルクス主義者と理想主義者は、反目し合った。マルクス主義の一派は、共産党に対する姿勢の議論と合わせて、より一層明確な路線を要求する。不透明な秘密外交手段で完全にアメリカの意向に同調し、西側の同盟システムへの加入を果たしたキリスト教民主主義者デ・ガスペリ内閣の時代だった。報奨として、合衆国は一九四四年と一九五二年の間にこの病める国に三〇億ドルを超える貸し付けを行った。壊滅的なドイツが得た金額とまさに同額である。この金額は産業債権に流れ込み、通貨の安定に役立てられた。フィアト社が当時南イタリアに工場開設を決断していたら、大戦後の最初の一〇年に五〇万人をトリノやミラノやジェノヴァに押し流した人口移動の動きは、別の結果に終わっただろう。結局、一九〇万人のイタリア人がこの国に完全に背を向け、アメリカやベルギーや西ドイツに移住した。デ・ガスペリの下では、経済政策はファシズムの保護主義的政策の後に経済自由主義を促進した自由主義者の独壇場であった。財務大臣として、ルイージ・エイナウディは鍵を握る人物となる。一九四七年以後、彼は厳しい債権譲渡によってインフレを抑制し、同時に輸出に照準を合わせた政策を優遇した。すべて、昔ながらの低賃金に基づいて行われた。戦前からの財産の分配には、手が付けられないままだった。その上、キリスト教民主党は、副次国家的産業分野を拡充し、強力な新しい国家持株会社を設立して、党略上の利害を企業の利害と結び付けた。南部からの安価な労働力と提携して、この国に年八%から一〇%の成長をもたらした。イタリア経済の復興の奇跡が始まったのだ。

ジュリオ・エイナウディは、父親よりもずっと左寄りだった。「彼は一度も共産党には入党しませんでした」と、レナータ・エイナウディは語る。「もしかしたら、彼らは党員証を進呈していたかもしれません。評価のしるしとして。彼はコムニストでしたが、形式的な束縛には我慢がならなかったのです。」経済史の領域でも、エイナウディは父親の路線から離れようとしていた。マルクスは、単行本の形で出版されていた。けれどもここでも、社の理想主義的な思潮が狭量な政治的方向付けを阻んでいた。マルクスが出版されれば、〈ニュー・ディィール〉の理論家も市場に出なければならない。協力者たちは出版計画の多様性に固執し、そこにこそ常にこの出版社の強みがあった。今日の観点からは、それぞれの立ち位置はけっしてそれほどかけ離れたものではないように見える。けれども当時は、深刻な衝突に到るものだった。ナタリア・ギンツブルクは、一九五一年の春に不和の大きさに苦情を訴えている。出版事業は一匹狼のためのものではない、自分は「思考と理念の成長」に取り巻かれて仕事がしたい、と。彼女の嘆きは、エイナウディ社に寄せる期待がどれほど大きいものだったかを示している。重要なのは、生活の資を稼ぐことではなく、社会政策的参加なのだ。大衆的な大出版社と違って、エイナウディ社はイタリアの文化に刻印を与えようと、そして可能なら、先取りして、道を示そうとさえ望んでいた。訪問の締め括りにあの数年間の政治的対立について尋ねたとき、レナータ・エイナウディは戦争の時代に話し及んだ。「あの仮借なさと決然とした態度がトリノの反ファシストたちに典型的なものでした。終いには危険を顧みずに何でもして、監獄に行き着いたのです。何人かは何年にもわたって。ミラやフォアのことですが。」老婦人は私たちを戸口まで見送ってくれ、カルヴィーノの以前の住まいの入り口をも見せてくれる。エイナウディは、毎朝、運転手に迎えに来てもらい、ローマ街で降ろしてもらっていた。大ブルジョアの習わしだが、彼には左翼的自覚と何ら矛盾したことではなかったのだ。

マルクス主義者と理想主義者の対立は調停不可能だったが、接近は生じた。エイナウディ社は、職業化した。編集顧問の数は増え、これまで以上の人々が別々の専門分野を担当し、アカデミックな路線が勢力を得た。新入りの多くは、ピサの〈スクオーラ・ノルマーレ・スペリオーレ〉の卒業生だった。戦後まもなく入社したジュリオ・ボッラーティはそのひとりで、出版計画部長になり、持ち前の威勢のよさで人を寄せつけないエイナウディの対抗者を演じた。ジュリオⅠとジュリオⅡが彼らの呼び名だった。ドイツ文学の新鋭の専門家もいた。チェーザレ・カーゼスだ。

カーゼスは、二〇〇五年の死までフィレンツェ市街地の山の手の家で翻訳家マグダ・オリヴェッティと暮らしていた。二〇〇一年の夏、私たちは彼を訪ねる。ステッキに支えられた小幅な足取りで、この偉大なるゲルマニストはシトー会修道士風の懐疑的な眼差しを見せながら砂利道を庭中案内してくれた。「私が二〇人ほどのエイナウディ社〈上院議員たち〉と有名な卵型のテーブルに着くことを許されたとき、パヴェーゼはすでに亡くなっていたよ。しかし、彼の存在感はまだ顕在だった。エイナウディが彼に言及することは、一度もなかったがね。彼は、とても控えめだったに違いない。まさしくピエモンテ人なんだな、無口と言った方がいいかもしれない。作家のエルサ・モランテは、持ち前の辛辣な口調でこんな憎まれ口をきいたことがあったよ。〈パヴェーゼは、ケチよ。精液すらケチるほどケチよ〉とね……もちろん根も葉もない与太話だろうがね。与太話はお好きかな。」カーゼスの思考は性急に先を急ぐが、老衰した身体の動きはそれと比べるとずっとゆっくりだ。口籠るかもしれないことを詫びる。脳腫瘍のため、彼は困難な手術を受けなければならなかった。それ以来、昔の表現能力はもうあまり残っていないのだよ、と説明する。頭が働くかどうかは、その日の体調によるんだ、とも。「質問を急いでくれ。今日は、まったく好調だ。でも、一時間か二時間後に悪くなっても驚かないでほしい。突然、言葉が出てこないこともままあるんだよ。」ドイツ語はたぶん手術ですっかり取り除かれてしまったんだろうよ、もう三行以上は出てこないのだ、とも言う。カーゼスは一九二〇年にユダヤ人家庭の息子としてミラノで生まれ、人種法発効後、父親の希望によりチューリヒで化学を学んだ。その彼のドイツ語をトーマス・マンは「恥じ入らせるほど完璧」と保証したことがあった。古いサルディニア製の書架を備えた居間に入って行きながら、「私は、自分をドイツ化したイタリア人という稀なケースだ」と、この老紳士はいたずらっぽく説明する。「友人のプリモ・レーヴィは収容所でドイツ語を覚え、死ぬまでカポ〔監督囚人〕たちの恐ろしい命令の言葉が頭から離れなかったものだが、彼とは違って、私は化学の学生としてドイツ語を学び始めたんだ。偉大な哲学者たちの著作を、さらにはトーマス・マンやベルトルト・ブレヒトを読んだものさ。私にとって、ドイツ語は常に詩人と思想家の言葉だった。一九四二年に専攻を鞍替えして、文芸学に登録をしたんだ。」プリモ・レーヴィが言うには、イタリア系ユダヤ人はアウシュヴィッツがなかったら自分がユダヤ人であることにけっして気づかなかったろうと考える人間でもあったんだ、と続ける。ユダヤ人であることは、カーゼスによれば、イタリアではいずれにせよ市民であることとまったく同じ意味だという。腰の曲がったこの小柄な老人は、数十年にわたってドイツ文化のもっとも重要なイタリア人仲介者であり、数世代の学生たちに深い影響を与えた。数多くの著作の著者として、自称「戦闘的批評家」として、大学講師として、エイナウディの協力者として。「奴さんは、端的に言って、プリマ・ドンナだったんだよ。みんな、とりこになったんだ。彼に近づくことが許されたものは、貴族に列せられたと感じたものだ。」カーゼスはあの出版人をそのように描写する。「エイナウディとは一九五一年に出会ったんだ。あの青々とした目で品定めするようにじっと見つめ、こう言ったんだ。ミラノのエイナウディ書店で試しに働いてみてはどうか、とね。まずは、実績を上げて見せなければならなかった。それから、査定書を書くことが許され、それに対する報酬は本でもらったよ。みな、金には拘らなかったね。エイナウディのために働くことが許されるのは、特権と見なされていたからだよ。無報酬で働いたことさえあったさ。トーマス・マンの褒め言葉があってようやく、株が上がったんだ。突然、月給までもらってね。その後は、常に二股をかけていたよ。ひとつは大学での仕事、最初はカリアリ、次にパヴィア、それから二〇年間をトリノだ。それと出版社での仕事だ。」本が売れるかどうかは、二の次だった。もっとも重要な声、すなわち同時代の基準が重要だったのだ。ドーデラーの『悪霊たち』について、一九五六年一一月のカーゼスの査定書にはこうある。「君たちが訳すか、他の誰も訳さないかという本のひとつだ。注目すべき小説ではある。が、きわめて難しい。プルースト的・ムージル的精神と文体だ。遅かれ早かれやるべきものだが、急を要する、というものではない。」カーゼスは、矛盾を生かしておくのを好んだ。彼は思慮深い弁証家で、謂れなくルカーチの弟子というわけではなく、同時にエルンスト・ユンガーの専門家でもあった。持ち前のソフトなアイロニーと精神のひらめきで、彼はエイナウディとは気が合った。詩人のフランコ・フォルティーニ（エイナウディ社のためにブレヒトを翻訳し、カーゼスには大げさな友情を抱いていた）のドイツ語のエピグラムにはこうある。「我らがアーゼス〔腐肉とかけている〕の一片より美味いハムはない／おお、良識破りだが愛しいカーゼス君。」

スノビズムと鋭い洞察力の混合こそが、まる一〇年は若いカーゼスの目にジュリオ・エイナウディを魅力的にしていたのに違いない。「彼は、おそらくは自分が出会った中でもっとも知的な人間だったよ。例の途轍もない直感の持ち主だったからね。問題は、彼がそれを自覚していたことで、それがよく彼との付き合いを骨の折れるものにしていたんだ。」カーゼスも、この出版人の射貫くような視線や、鼻にかかった声や、カシミアのセーターやツイードのジャケットの抑えたエレガントさや、彼が事のついでに漏らす酷評の話をする。「チェラーティのことは、よく〈小人〉と呼んでいたよ。〈さあ、小人くん、君の判断を言ってくれたまえ……〉というふうにね。これが彼の流儀だったのさ。」

戦後、社が拡大したとき、エイナウディは多くの社員たちにとっては隠れた存在であることからも自らの大いなる権威を引き出していた。彼は、カルロ・レーヴィとグットゥーゾの絵に囲まれて上階に陣取っていた。その上、カーゼスの記憶では、ガードマンがいた。ビアンカマーノ街の建物に足を踏み入れるものは、まずはパルチザンの古強者で筋金入りのコムニストである隻腕《せきわん》の門番ガルリンのそばを通らなければならなかったからだ。ガルリンは、エイナウディの執事だった。どんな来訪者でも、秘書課に取り次ぐ前に、じっくりと調べ上げた。それも取り次がれれば、の話だ。というのも、来訪者の多くはすでに門前で追い返されたからである。エイナウディはガルリンを午前中に何度も上階へ呼びつけ、窓を閉めろだの、新聞を取ってこいだの、ダンヒルを一箱持って来いだの、ドライ・サック・シェリーや紅茶をローゼンタールのカップで給仕しろだのと命じるのだった。この門番は、ときにはローマ通りのしかるべき店に、エイナウディが社へ来る途中に見つけておいたセーターを取りに行かされることもあった。そのセーターは、持ってこられ、試着され、購入されることもあれば、また返却されることもあった。ガルリンは、党の来るべき勝利を確信して、この出版人を〈白い羽根飾りの酋長〉と呼んでいた。エイナウディは、男性の腹心の部下を必要としていた。パヴェーゼの死後、息子の代用を、その思考世界が彼を魅惑する新しい協力者を近くに置くのが常となっていた。突然の恋情の虜になることもよくあった。大学を卒業したばかりの青年に、構造主義の精通者に、建築理論家に、という具合だ。選ばれたものだけが、この出版人の部屋を訪れることを許され、食事に連れて行かれ、意見を問われ、そして前と同様、突然にまた捨てられることになった。古株の編集顧問たちは、新たな若い者たちとの戯れの恋の間、蔑ろにされた妻たちのようにふてくされていた。カーゼスは、むしろ距離を保っていた。彼は大卒の学歴があるので社に依存する必要はなく、会議の時だけ来ていて、後年になってローマでエイナウディと親密なコンタクトを持つようになったのであった。エイナウディのもっともひどい罵り言葉のひとつは、「官僚め！」だったよ、とカーゼスは語る。「官僚と見なされれば、そのものにはもうチャンスはなかった。ちょっと悪いのは、せいぜい退屈なやつら、だったね。退屈は、許されなかったんだ。」会議では、めったに多弁を弄さなかった。言い繕いもしなかった。判断においては人を傷つけるほどに明確だった。恐れられていたのは、彼の革命的なほどの計画変更だった。製本の過程でも、ときには呆れるほど連携の悪いことがあった。すでに印刷済みなのに、カバーの宣伝文ができなくて出版できなかった書籍もままあった。カバー宣伝文、そもそもそれはりっぱなジャンルと理解されていた。ヴィットリーニ、パヴェーゼ、カルヴィーノ、ナタリア・ギンツブルクにしても、みなそれを執筆した。新規採用に際して、エイナウディは志願者たちに同様に宣伝文を書かせ、それから仕事に適任かどうかの判断を下すのだった。

しかし、エイナウディは年を重ねて権力を得るにつれ、若い協力者たちに対して暴君的になり、公共性への関心を薄れさせるようになっていく。インタビューに応じるのはごく稀で、登場するとしても、時間をかけて周到に準備をした上でのことだった。形成途上のメディア社会とも妥協はしなかった。C・W・ツェラムの『神々と墓掘り人たちと学者たち』、『アンネ・フランクの日記』やプリモ・レーヴィのアウシュヴィッツ小説『もしそれが人間なら〔邦訳：アウシュヴィッツは終わらない〕』のような商業的成功は、交差融資に利用された。社の日常では、集団的生活というある種の儀式が定着していた。毎年、六月末にエイナウディは腹心たちを伴って、数日間、標高一七七〇メートルのアオスタ峡谷にあるレーム＝ノートル＝ダムに引っ込む。心霊修行、と皮肉を込めて言われたものだ。実際には、時宜に適った著作の査定と翌年の計画立案だった。もっとも重要な協力者の他に、著名なゲストが招待されることもよくあった。「レームには、いつも参加していたよ。それは、きわめて生産的な会合だった。大々的な論争もあった。シリーズ全体が中止されることもあったんだ。」カーゼスは、実験的な作家ジョルジョ・マンガネッリの件を語る。一緒の席に着き、一〇冊という彼のある本の売り上げ数を聞いたときのことだ。「多すぎる」と呟いたんだよ、と言ってカーゼスは笑う。「ローマでもエイナウディとはよく会った。格別の特権だったよ。なぜかというと、彼はトリノでよりもリラックスしていて、多弁だったからだね。ただし、晩に食事に行くときは、いつももうひとりを同席させたがった。もっとも例の〈退屈なやつ〉の誰かではなくてね。」彼は相次いで提案を繰り広げたが、モラヴィアとかパゾリーニという名前には鼻にしわを寄せたものだ、と言う。最後には、たいていあるピエモンテ人が一緒になったが、そいつは少なくとも高水準で退屈だったね、とも。「エイナウディは私を〈捉えどころのない懐疑家〉と呼んだが、それはまったくの間違いではなかったね。」カーゼスのドイツ語書籍の査読はいつも実に厳密だったので、ひとつの出版物の賛否の両方に対して同数の論拠を見つけるのだった。

「私には社の変化の所在はすぐにわかったよ」と、カーゼスは思わしげに言う。「我々が毎年の夏の滞在先のレームに行かず、トリノ近郊のペルナ城に集まったときが、ひとつの切れ目だった。もともとは、ヴィットリオ・エマヌエーレ二世が愛人のロジーナと会っていた別邸だ。エイナウディがその別荘を買って、修復させていたんだ。それは、何はともあれ一桁大きすぎたよ。社のスタイルには、もはや合わなかったんだ。」趣味よく家具調度を整えたペルナのヴィラは、エイナウディの頂点であり、衰退の始まりだった。四〇〇〇万リラはしたであろうテーブルのうわさが流れた。古株のエイナウディ信奉者の多くは、この出版人の誇大妄想を非難した。七〇年代の終わりに、彼は突然、上流社会風の遊びを好むようになり、特別招待日を逸することは少なく、映画界の人脈とも頻繁に交際したが、これらはすべて、以前には意義を認めてはいなかったことだ。農民的出自を常に強調し、ピエモンテ人特有の慎重さでビジネスを行って、ケチで通っていた彼が、今や多くの旅行をし、日一日と若返り、トリノよりはミラノやローマにいる方が多くなった。「彼は、一種の遊蕩児になったんだよ」と、カーゼスは笑いを漏らしながら言う。レナータと離婚した後、彼は一ダースほどの女性と関係を結んだ。両ジュリオの陣営に分かれた編集顧問間の塹壕戦は、日常茶飯事であった。一九七八年、三〇年以上を経て、ジュリオ・ボッラーティとの決裂に到った。彼は、辛辣な言葉でエイナウディとの関係を断ち、自身の出版社を立ち上げた。一連の側近たちが社を去った。新聞には、地震という記事が載った。権力の分配と新たな政治的重心をめぐる内容だった。

一九八三年、エイナウディ社存続五〇年カタログが出版された直後、社は財政的な危機に陥る。エイナウディには独立を確保するための準備金がなく、利子は二五％だった。発展は不幸な結果をもたらした。出版件数を増せば増すほど、借り入れ資金を増額しなければならず、それだけ赤字の額は高くなったからである。大百科事典と巻数の多い『イタリアの歴史』の時代だった。後者は史料編纂のパイオニア的出版で、エイナウディが何人かの協力者をそのために雇い入れたものだった。百科事典は分割払いで売り出されたが、高インフレのために決算では赤字を生む結果となった。最終的に、負債が売上高を上回ったのだ。ローマ銀行は、信用貸しを中止する。給料の支払いができるように、窮状の中で義兄（エイナウディ書店の所有者）に債務証書に署名してもらい、新たに起債したが、結局は訴訟に煩わされることになる。エイナウディは休職を命じられ、財産は差し押さえられる。大統領ペルティーニが介入して、中規模の企業を救済してきた〈プロディ法〉を行使することになった。更生管財人が業務を引き継ぎ、よりにもよってボッラーティを出版計画部長に任命した。職務にとどまったのは、古株のエイナウディ社員のうちの少数だけだった。ロベルト・チェラーティは、そのひとりだ。作家たちはとどまった。しばらくして、エイナウディはコンサルタントの契約を得る。二〇年代製の古いオリヴェッティで報告文書をタイプし、提案をし、グラフィック・デザインの批評をした。作家たちに会った。読むことを始めた。回想記を書き始めた。

『回想録断章』というタイトルの薄手の本の中で、エイナウディは、あれこれ推測されてはいるものの、詳細に関しては今日まで一切が不明な自社の財務管理についても言及している。「私は、一出版社が、その規模に鑑みて使える資本が極端に少なかったにもかかわらず、いかにして半世紀の長きにわたって存続し、大きな市場占有率を獲得してきたかについては、一度も語ったことがなかった」と、そこに記している。「当初——最初の一〇年間——は、友人たちによる財政支援が我々の基盤だった。そこに読者が加わった。さらに社は、遅々とした歩みだが、規模を拡張していった。エイウディ社が戦後、株式会社に衣替えしたのは、必然的な一歩だった。一九四六年九月九日、私は父に社の窮状を説明し、助言を求め、手に入れた推薦状を見せて、こう付け加えた。〈筆頭株主は、五〇%の持ち分を望んでいます。それは、万一持ち分所有者が出版計画に同意しなかったら、社の活動を阻害しかねない不都合を伴います。どうするか非常に迷っているのです……〉と。父は、九月一四日にローマから返事をくれた。〈おまえの手紙を受け取った後、すぐに肝心な点に言及する勇気は出なかった。繰り返し手に取っては、何度も読み返したよ。私の予言が確証されたのを見る恐れはそれほど大きかったのだ。おまえがこの投機的な事業に乗り出し、私の目にはまったく同じことだが、立派な経歴を重ね始めて、私に助言を求めて以来、繰り返し言ってきたことだが、資産と負債は一定の比率でなければならない。私も、はるかに安定した状況にあっても、おまえと同様の不安に苛まれてきた。そうした日々はどんなことがあってももう一度体験したくはないものだ……〉。そして、〈唯一確実な解決策は、新たな資本を投入することだ、借りずにな。利子の掛らず、返済不要な社会資産を、だ……〉」ようやく七年後にエイナウディはある株主の資産を無利子で借り入れたが、財政状態は相変わらず微妙だった。借りたての資本が乏しすぎることは明らかで、エイナウディはさらなる投資家を求めて奔走する。各分野の出版計画部長たちは、介入と自律性の喪失を恐れた。「外的諸条件に関しては、我々はやはり市場を顧慮しなければならなかったはずだ。奢りのせいか、それはまったく我々の眼中になく、市場に先んじて、人々の未来の需要を察知することに懸命だったのだ。詩人のように、未来を予言しようとしていたのだ」と、この出版人は説明する。今日の金額に換算すると、社を支払い不能に追い込んだ負債は、特別に高いものではない。ざっと六〇億リラ、つまり約一二〇〇マルクである。マッティオーリ（後援者でもあり、戦時中にグラムシの『獄中書簡』をイタリア商業銀行の金庫に保管した人物である）だけが分別のある銀行家であった、とエイナウディは言う。「マッティオーリは、バランスシートを詩のように読まなければならないという見解の持ち主だった。わかりやすくこうも言った。バランスシートが鏡だとしたら、それが投げ返してくるのは二次元の像だろう、しかし現実は、少なくとも三次元だ、それが、生きた現実というものだからだ、とね。」彼は、エイナウディの冒険を信じた少数のうちのひとりであり、偏見のない資本家で、彼がいなかったらエイナウディ社はこんなに長く存続しなかっただろう、とも。

知識人たちや作家たちは、当時世論にこう訴えていた――エイナウディ社は変わってはならない、と。プリモ・レーヴィは、こう漏らしている。「自分に関して言えば、エイナウディ社は可能な限り昔のままであることを望んでいる。その飛びぬけた長所は、倫理的な伝統にあり、政治的な伝統にではない。というのも、政治は様々な条件に順応するが、倫理は唯一のものだからだ。そして、この倫理は協力者と書物の選択となって表れるのだ。」しかし、結局はエレモンド・グループが落札した。一九八七年、エイナウディ社は売却されたのである。一九九四年以来、社はモンダドーリ社のものとなり、それに伴ってベルルスコーニのメディア帝国の一部となった。レオーネ・ギンツブルクやチェーザレ・パヴェーゼやジュリオ・エイナウディのかつての出版社は、もはや存在しない。

次第にチェーザレ・カーゼスは疲れてきて、肘掛椅子になお深く沈み込んでいく。しかし、ひとつの疑問が未解決だ。エイナウディ社の歴史がとりわけ男たちで成り立っていることだ。もちろん、エルサ・モランテやララ・ロマーノやナタリア・ギンツブルクといった大当たりした女流作家たちは別として。カーゼスは、笑って言う。「女性たちは、そもそも夫の付録としてのみ認められていたのだ。みんないつもエイナウディの女嫌いのせいにしていたよ。他人嫌い、と言ってもいいかもしれないが。彼は、みなに対して一様に不愛想だった。当面のお小姓たちは別としてね。唯一の大例外は、ナタリアだった。彼女は、エイナウディにいつも真面に受け止められていたよ。」チェーザレ・カーゼスは、まずはナタリア・ギンツブルクの息子のカルロとアンドレアと知り合った。彼らは、ピサの〈スクオーラ・ノルマーレ・スペリオーレ〉で学んでおり、自分たちの養父、ナタリアの二番目の夫で英文学の教授ガブリエレ・バルディーニを彼に紹介した。ナタリアとカーゼスはトリノの社の会議で出会い、その後、頻繁にローマで会った。それほど背が高くなく、髪は短くて黒く、たいていはスカートにブラウスとカーディガン姿で、第一印象では特に注意を引かなかった。しかし、人々は、一九一六年にパレルモで生まれたこの女流作家のことを安易に過小評価していたのだ。自分をうすのろで小さく見せるこの特性——それはユダヤ的諧謔で、自分はそれがとても好きだった、とカーゼスは言う。「それには、少しばかりコケットリーが噛んでいたんだ。彼女は、とても愛すべきものを持っていたよ。そして、どちらかと言えば醜くて、肌黒で、男性的で、そもそも美人ではなかったのに、並みはずれたセックスアピールの持ち主だったね。男たちは、列をなして彼女と寝たがったよ。男に不自由することはなかったね。」とはいえ文学的には、カーゼスには幾分かの異議があった。彼女のリアリズムには不信を感じるのが常だったからだ。「彼女の語り口は、私には地味すぎ、シンプルすぎた。素朴すぎたんだ。エルサ・モランテと彼女の地中海の水平線の方が常に好みだった。モランテの方が、文学的に複合的で、文明の影の側を見る目を持っていたんだ。」しかし、ナタリア・ギンツブルクの文学的質を作り出しているのは、まさにこの控えめな文体、切り詰められた単純な言葉使いと簡潔表現であった。バルディーニは、ナタリアと夫ガブリエレ・バルディーニの出会いについて語る。チェーザレ・カーゼスは、ローマ人で、外交的で感激しやすいタイプだった。大柄で、太っていて、オペラ好きで、映画ファンだった。朝早くから夜遅くまでレコードをかけ、息子たちと議論し、タイプライターに何行か打ち込んでは、すぐまた席を立って、電話をかけ、コーヒーを飲みに出かけ、背にしたドアはみな開けたままにしていた。滑稽に誇張した姿で、自分と夫がいかに違うかをナタリアは物語の中でいつも描いている。五〇年代の終わりに、彼女はイタリア文化会館の館長になったバルディーニについてロンドンに行った。「ガブリエレは、社交的な人間だった。だが、ちょっと飲み過ぎたね。それが彼の早死の原因でもあった。まったく突然に四九歳で死んだんだ。ナタリアについてもっと知りたかったら、私の女友達のマグダに尋ねなければならない」と、私たちのもてなし手は言う。「私よりもずっとよく彼女のことを知っていたよ。マグダは、彼女の父親を通してナタリアの家族と親戚になったんだ。」彼女は、すでにドア口に立っている。チェーザレ・カーゼスの晩年の連れ合い、マグダ・オリヴェッティだ。ウェーブのかかった巻き髪、緑のアイシャドウ、完璧に口紅を施した唇、猛烈に短いスカート。もともとは物理学者だが、インゲボルク・バッハマンとトーマス・ベルンハルトのイタリアの声となり、ドイツ語女性翻訳者のなかでもっとも重要なひとりに数えられている。彼女の年齢を言い当てるのは、不可能だ。六〇半ば？　精力の塊のような人物だ。

「私の仕事は書くこと、それはよくわかっている」
――ナタリア・ギンツブルク

「『ある家族の会話』のことは、御存じよね」と、マグダ・オリヴェッティは、祖父でタイプライター・メーカーの創業者カミーノ・オリヴェッティとレーヴィ家との関係を私たちに説明して言う。「ナタリアは、そこで姉のパオラ・レーヴィについて語っているわ。パオラは私の叔父アドリアーノ・オリヴェッティと結婚したの。父の兄弟のひとりよ。パオラは戦後フィレンツェに来たの。私もその頃のいつだったかそこに引っ越してきて、いつもよく彼らのところにいたものよ。」パオラ・レーヴィ・オリヴェッティは、家族でもっとも若いナタリアより一四歳年上だった。『ある家族の会話』の中では、プルーストときれいなドレスとティーダンスを偏愛する当世風の母親のことで愚痴をこぼしている。いつも一緒に映画に行きたがる母親で、まるまると太って白髪になり、黒い肩掛けに包まって家で針仕事に精を出す母親ではなかったのだ。「家族の中では、いつもパオラは美人、ナタリアは不美人で通っていたの。私の叔母たちのひとりは、同じ写真のポジとネガのようだと言っていたものよ。」パオラは、妹が『ある家族の会話』の中であんなにたくさん微に入り細に入り書き立てたとき、あまりよく思っていなかったわ、とマグダ・オリヴェッティは話を続けながら、立ち上がって私たちに飲み物を取りにいく。キッチンから私たちに呼びかけ、彼女の従妹をも訪ねたら、と言う。パオラの娘は建築家で、フィエーゾレで暮らしているの。ナタリアについてたくさんのことを語ってくれるでしょう。それに、もちろん長男のカルロのことも。歴史家なの。彼女は、アペリティフのいっぱい載った盆を持って居間に戻ってくる。「パオラは、魅力的な女性だったわ。美しいからだけでなく、人を惹き付ける力そのものだったのよ。『ある家族の会話』の中では、むしろ少しばかり単純な印象を与えているけど。彼女の不運は、いつも優れた男性たちに愛されたことね。古典的なミューズだったのよ。ナタリアはそうじゃなくて、自分が書くことを望んだの。」

一九四五年、ナタリア・ギンツブルクはローマからトリノに戻った。夫を失った後では、エイナウディ社が彼女の我が家になった。翻訳を続け、原稿の整理をして、査定書を綴った。パヴェーゼは、その当時はまだローマにいたが、満足の様子だった。マッシモ・ミラへの手紙にこう書いている。「ナタリアには、できるだけ穏やかな女性的な感じをウンベルト通りの尖った空気の中にもたらすように言ってくれ。というのも、ただでさえ女性たちは数が少ないのに、雰囲気を和らげることがこれまでできなかったんだ……君にナタリア、君たちは戦闘部隊の一員だ。今、共産党への入党を最終的に決行してしまった後では、僕は当初から自分の封土と見なしてきたトリノの居場所をさらによく支援し防衛することができる。でも、ヴィットリーニやバルボやナタリアに対する僕のルサンチマンを吐き出してせいせいしなければならない。彼らは、僕がラバのようにランゲから荷車を引いている間に、長い人文主義的な閑暇や〈人間〉の発見を楽しんでいたんだから。」日記の中には、もっとも親密な友人レオーネの未亡人に対するさらに辛辣な判決が見られる。相変わらず彼の心を乱すのは女性的なものであり、ナタリアの場合ですら同じだった。「彼女はいつも心臓を手の中に携えている。――心筋、出産、月経、老女たち」と、そこには記されている。しかし、彼の遠慮会釈のない攻撃に委縮させられるには、ナタリアはパヴェーゼを知り過ぎており、彼のもろさも十分にわかっていた。社の所在地とローマ、ミラノ、トリノの管轄領域の再分配の問題が議論されたとき、パヴェーゼは持ち前の横柄な調子の手紙を彼女に書き送った。一九四六年八月一五日、彼女は辛辣な言葉でそれを撃ち返している。「あなたのかなり感じの悪くて腹立たしい手紙が、ここヴァルトゥールナンケでヴァカンス中の私のもとに届いたわ。(…)あなたの手紙はおろかよ。まるで他の私たちがみな出版計画部長になりたがっているような印象なんだから。わたしがなろうと思っているのは――これはミラもそうだと思うけど――トイレ掃除人なのよ。これはよく覚えておいてね。でも、トイレ掃除人にも最小限の独立性が必要だわ。必要な雑巾を手に入れ、バケツとお湯を調達しなければならないし、平生はトイレを清潔にしておかなくてはならないわ。そうはしていても、時々はちょっとした失敗は起こるかもしれないけど。でも、働くことはできるのよ。あなた方の想像によると、失敗はもはや起こらないんでしょうけどね。でも、そもそももう働くこともないんでしょう。それは、確かなことかしら。」

ナタリア・ギンツブルクは、エイナウディ社ではフェリーチェ・バルボと親しくしていた。彼は、自身と同様、共産党員になるよう彼女を説得してさえいた。彼女はその提案に従ったが、集会のことはつくづく陰気で情けなく感じ、数年後には党員証を延長しなかった。一九四六年、彼女の物語「夏」が出版される。原稿審査係としての仕事は、正確かつ事細かにこなした。「君はそれを少し自慢に思ってもいい」と、パヴェーゼはとある作家に好意的な判定結果を伝えるついでに知らせている。「彼女は簡単には感動させられない女なんだから。」トリノの新人作家ダーヴィド・インヴレアの原稿については、ナタリアはこう記している。「美しい小説。だが、宗教がそれをダメにしている。この修道女が登場する度に、文章は神経をいらだたせ始める。」彼女の査定書を読むと、啓発されるところが多い。ナタリア・ギンツブルクは手短な表現を用い、いずれかの文学的諸潮流に分類したり、どのジャンルに属するかを考えたりはせず、専門用語はほとんど使わなかった。その判定は、直接的で、ときには情け容赦ない。自分自身の好みは、その際、判断基準ではなかった。「この小説には嫌悪を催すばかりだ。でも、とても知的だ。」ダーヴィド・インヴレアの別の小説については、そう記されている。「捏ね繰り回して、煤で汚れた文体。泥棒で売春婦のトリノ女、こちらは私にとって目新しく、どこまでも本当らしい印象を与える。」彼女にとって肝要なのは、小説の内的リズムであり、音域であり、文学的方法が対象に適合しているかどうか、なのだ。原稿審査係としての評価の厳しさ

ナタリア・ギンツブルク

に等しく、他人を批評することには遠慮なかった。「戦争が私たちにもたらした唯一のよいこと、それは、もう嘘をつかなくてよいことであり、他人の嘘をもう我慢しなくてよいことだ」という言葉で、人との付き合いを言い表している。それでも彼女の期待は、裏切られた。一九五一年の危機の後、彼女はエイナウディに何度も数々の変化への注意を喚起している。「事務所ではもう誰とも話をしないわ。もし口を開けば、きっと他の人とはまったく意見が異なり、本のことでも何か別の懸案のことでも、同意することはないからよ。」これは、以前と比べてもっとも大きな違いよ、あの当時は、みなはいつでも何でも語ったからよ、と言葉を続け、さらに「もしかしたら、あなたには社のことと無関係に思われることについても。でも、それらはわたしたちの仕事の培養土だったのよ」と、エイナウディへのある手紙には記されている。ジュリオ・エイナウディは、彼女の憂慮を真剣に受け止めた。彼にとって、彼女は「社の良心」となった。

「ナタリアの注目すべき点は、作家としてもそうだけど、ある種のナイーヴさを育んだことよ。でも、私の印象では、そう振る舞っていることが多かっただけで、彼女がほんとうにナイーヴなのか、それともそう見せかけているだけなのかを見抜くことはいつも困難だったわ」と、マグダ・オリヴェッティは回想する。「おそらくは、それは単に彼女の生きる姿勢で、それが文学上の美学にも反映していたんでしょうね。シーツ一枚畳むことができないと言い張ってたわ。言葉を見つけることが困難なこともあったわ。こんな風に始めるのよ、〈うまく言い表せないんだけれど、でも……〉とかね。彼女は、とても自然に反応したの。同時に、生活をよく制御していたわ。金銭面でも、さらには執筆プランにおいても、ね。代議士としての二度の任期中のことは言わないでおくけど。一九八三年、彼女は無所属の候補として共産党の候補者名簿に載って、議席を得たの。一九八七年には、再選されたわ。そして、この任務にとても真剣に取り組んだのよ。エイナウディのところでは、かならずしもレディとしては扱われなくて、パヴェーゼは彼女を〈ジャコウウシ〉と呼んでいたし、カルヴィーノは、たぶん子どもの頃に椅子から落ちたんだろうって言ってたわ。でも、彼らは彼女をとても評価していたし、愛してもいたの。エイナウディだけじゃなくって、みんなもね。」彼女自身の書物が、時が経つにつれ、もっとも重要な退却場所になった。「わたしの仕事は書くこと。それはよくわかっている、ずっと以前から」と、一九四九年のあるエッセイには記されている。「わたしを誤解しないでくれるといいのだけれど。わたしが書けることの価値については、何もわからない。わかっているのは、書くのがわたしの仕事だということだ。書き始めると、桁外れに気分がよくなり、本当によく知っていると思われる世界の中を動き回る。旧知の、慣れ親しんだ道具を使い、それらがしっかりと掌中にあるのを感じる。何か他のことをしたら、外国語をマスターしたり、歴史や地理や速記を習ったり、聴衆の前で話したり、刺繍をしたり、旅行をしたりしようとしたら、辛くなって常に自問する。他の人たちはどんなやり方をするんだろう、と。他の人たちには何でもないことで、自分が知らない正しいやり方があるに違いない。そう思われて仕方がない。まるで目が見えず、耳が聞こえないかのように思えて、心の深いところで吐き気のようなものを感じる。(…)わたしの仕事のないわたしの人生など思い描くことはできない。わたしの仕事はいつもそこにあり、わたしを片時も放さなかった。そして、眠っていると思っていても、ギラギラした目でわたしを監視していた。」ここでも、ナタリア・ギンツブルクは自分の生活力の無さを強調する一方で、書くことを有機的なものと表現している。とはいえ、書く際に幸福過ぎても不幸過ぎてもならない、と言葉を続ける。というのも、幸福なだけのものは、旺盛な空想力は持つことができても、自分の記憶とうまく結び付けることができないからであり、登場人物たちとの付き合いで冷淡すぎたり、軽蔑的すぎたりするから。逆に、書く際に不幸が大きすぎると、同様に妨げとなる。なぜなら、登場人物たちに対して「官能的な、息がつまるような親密さからできた生温くて涙にぬれんばかりの関係」を育てるから。この作家は、つまり一種の均衡のとれた目配りを求めるのである。彼女の「職業」としての仕事の理解も示唆に富む。彼女は、手仕事としての側面を、何年もの修練と試作の必要性を強調しているのだ。絶えず選ばれた芸術家として自己を演出してきたパヴェーゼと比較すると、ナタリア・ギンツブルクはヒュブリスからは解放されている。人間の感情の動き、密かな衝動の力、不安のなせる業を、彼女は自分の小説や物語の中でごく微細な細部に到るまで見抜いている。外科用のメスを用いたように、明白な文構造（そこに小銃斉射《せいしゃ》のような直接話法が不意に舞い込む）の直線的な統語法で、彼女は一枚一枚と被膜を取り去っていく。その際に、登場人物たちの内面世界を間接的な手法で仲介する――特定の言い回しを介して、通りを歩いたり、コーヒーを煎れたり、衣服をタンスに仕舞ったりするような、ちょっとした気まぐれや癖を介して。心理学的な解釈には、我慢がならなかった。初期作品では、形式的な点でもまだネオレアリズモに負うところが多い。一九九〇年の五月に、あるラジオのインタビューでそれについて回想的にこう語っている。「まるで自分がネオレアリズモを欲しているかに思えました。要するに、文学がファシズムの時代にそうであったものから、つまり、離れて関わらずにいることから脱出したかったのです。生の事実に背を向けたものから、ですね。わたしには、ネオレアリズモは生に接近することを、生の中に、現実の中に入り込むことを意味している、と思えたのでした。」

一九五〇年から結婚していたガブリエレ・バルディーニがローマに教授職を得たので、ナタリアは一九五二年に首都に転居した。一年前の対立にもかかわらず、別れるのは辛かった。しばらくの間は、ローマ支社で原稿審査係をした。「ここは、とても快調です」とエイナウディへの手紙に書いている。「社には、ほとんど出ていません。でも、今日から出ようと思っています。慣れるつもりです。社は人があふれていると同時に、いないも同然です。たくさんの人たちが絨毯の上を行ったり来たりしていますが、わたしは彼らを知りません。」そこで、仕事の一部はむしろ自宅で片づけ、これまでと同様に水曜会議のためにトリノへ出かけた。一九五四年、彼女は『アンネ・フランクの日記』の出版を提案し、導入部を書いた。翌年、常勤職を辞し、コンサルタント契約をした。一九五九年、ガブリエレ・バルディーニについてロンドンに行った。イギリス人には馴染めず、食べるものは口に合わず、ホームシックに罹ったが、その年に小説『夜の声』が生まれ、一九六一年にエイナウディ社から出版された。突然、子ども時代のピエモンテが心に浮かんだのだ。トリノから遠からぬ小村に住み、日一日と母親の言葉の繭に紡ぎ入れられる若い女性の物語だった。娘があれやこれやの男性と出て行きたがっているかどうか、なぜ、とっくに婚約していないのか、近所の子どもたちは何をしているのか、夕食に何を作れと言われているのか。その若い女性が以前から密かに愛し合っていた村の工場主の息子と正式に婚約したとき、母親の饒舌はさらに増大し、母娘の関係を破綻させるまでに到る。この小説の切れ味は、家族の絆の潜在的分析から得られるばかりでなく、切り詰めた文と所を得た直接話法にある。ナタリアは、原稿を同僚にして友人のイタロ・カルヴィーノに送った。またしても、昔ながらのエイナウディ文化が作動する。書くこと、読むこと、批評することの間の往来がまったく淀みなく進む。「思考の成長」——一九五一年のエイナウディへの手紙で語られた彼女の言葉だが——が、引き続き彼女に感化を及ぼしているようだ。イタロ・カルヴィーノは、自身はまったく別の美学の信奉者なのだが、感動した。「ナタリア、すっかり気に入った。一気に読んだよ。君が書いたうちでもっともすばらしい小説だ。家族の歴史に対するこの感覚、これは今日かろうじて君だけが持っているものだ。それに、老人たちに対する感覚、若者の成長に対する感覚、苦しみながら成長していく彼らに対する感覚も。悲しい、死ぬほどに悲しい（…）この本全体の上に威嚇的に漂っているこの母親、以後耳にするのは、彼女の恐ろしい饒舌ばかりだろうけど、これはすばらしいよ。（…）語りの運びにおいては模範的で、仕上げの厳格さも完璧だ。ちょっと数年前に遡るかな、文体の点で、語り口の点で〈トルニンパルテ〔最初の小説の際のペンネーム〕〉の時代に。いや、違う。まったくアクチュアルだ。これは、一直線につながっている。それに今でも忠実であるんだから、驚きだよ。文体的経験論のこの時代にあってね。（…）言うなれば、地理学的な深化もある。このピエモンテ、君はそれを以前はいつも曖昧で一般化して描いていたけれども、遠く離れてしまった今は、それが君の全身から噴き出している。これまでこんなにピエモンテ的なものは読んだことはないよ。泣きたくなるほどピエモンテ的だ。言葉も、君がピエモンテを墓穴と感じているほどにピエモンテ的だ。そこに一度入ったものは、呪われて、二度と出てこられないんだ。」この小説で、ナタリア・ギンツブルクは決定的にイタリア現代文学の大作家と認められるに到った。その翌年、今度は彼女自身の家族が題材となる。

「『ある家族の会話』は、純然たる、赤裸々な、包み隠すことのない、明らかな記憶の小説です」と、ナタリア・ギンツブルクは後年解説している。「わたしの本のうち最善のものかどうかは、わかりません。でも、確かなことは、絶対的に自由である状態で書いた唯一の本だということです。それを書くことは、わたしにとっては話すこととまったく一緒でした。コンマやら広い網目やら狭い網目やら何も思い煩うことはありませんでした。」一族の声が、その手回しオルガン風の言葉や注釈がこの小説という織物を形作っている。まるでナタリア・ギンツブルクが何よりも耳を用いて書いたかのようだ。文句の多い家長のジュゼッペ・レーヴィは、常に自分の子どもたちを〈愚か者〉〈粗忽者《そこつ》〉〈黒ん坊〉と咎め立てている。それは、食べ物が健康によくなかったり、山歩き用の靴が合わなかったり、雨合羽がなかったり、子どもがごく普通に甘ったれたりしたときに発せられる言葉だ。そして、母親もいつも同じ話で待ち構えている。ドルシッラ叔母だの、兄のシルヴィオだの、自分の寄宿舎時代だのの話だ。いつまでも続く繰り返しと儀式化された振舞い方(それは『夜の声』の中でも同様に母親の典型的なトレードマークで、破壊的な作用にまで到ったのだが）は、ここでは肯定的で、成長途上にあるものたちにとっての土台を形作っている。ひとつの家族が問題である以上に、秘密の解読キーを持った一族が問題なのだ。家族の絆の残酷な面は、その際にぼやかされてはいない。役割の手本は、支えの杖であると同時に拘束衣でもあるのだ。

「書くことでは、ナタリアはまったく揺るぐことはなかったわ」と、マグダ・オリヴェッティは語る。「本の中に登場することを家族がどう思うかなどと、気に病むことはなかったのよ。」「彼女は、非国教主義者ですらあったよ」と、ずっと静かに聞いていたカーゼスがまた口を挟んで言う。「だから、イギリス人には我慢がならなかったんだ。その国教主義を恐ろしいものと思っていたのさ。ロンドンでは、不快でたまらなかったんだ。」彼女は、軋轢を厭うことはなかった。そして、『ある家族の会話』の出版後、エイナウディとの衝突も生じた。彼女は、作家たちに対する扱いの悪さに腹を立てた。印税支払いの引き延ばし、実現しない決済。「あなた方は、昨秋、わたしの物語を全部まとめて本にして出版すると言いました。そうした本はよく売れただろうと思います。でも、著者の成功はきわめて不安定なことを、あなたなら知っているはずです」と、彼女はエイナウディに伝えている。「著者たちに対するあなた方の姿勢は、本で稼いだお金は著者のではなく、あなた方のものだという――間違った――前提から出発しています。そして、いつの間にか著者という人間の存在をすっかり忘れてしまうのです。ですから、著者は、お金を要求するとき、あなた方に頼みごとをしているという、要するに、物乞いをしているという非常に不愉快な感じを抱いてしまうのです。よく考えてみてください。著者たちは生きて存在しているのだということを、そして、あなた方は、彼らがいなければ、死んでいるも同然だということを。」

彼女の喜劇「結婚して満足」（一九六五）が初演で大成功を収めた後、エイナウディはこの戯曲を印刷しようとした。出版社に五〇％の付帯的権利を認める基本契約が彼女のもとに届いたとき、彼女はしたたかに腹を立てた。そこでもうエイナウディはとばして、ジュリオ・ボッラーティに問い合わせ、エイナウディをこき下ろした。「優雅に装い、きちんと髪を撫でつけ、トリノに陣取って喜劇など書かないこの紳士に自分の喜劇の五〇％もプレゼントする理由などどこにもないわ。わたしのことをこんなにばかだと思っているなんて、知らなかったわ。彼は、上品めかした泥棒で、今はどケチになったのよ。昔はアルセーヌ・ルパンで、今はクワルティッチョロのせむし（ローマのパルチザン指導者、戦前は街中に知られた犯罪者で、半ば冒険家で半ばロビン・フッド――著者補）なんだわ。」ボッラーティは、彼女を宥め、それに成功した。契約は「あまねく認められている理論、つまり、エイナウディ本こそ常に世界の中心と理解され、他はみな外縁と見なされる理論と一体です。劇場もそのひとつ（さらには病院、教会、科学アカデミー、博物館、街頭、森、幼稚園も）なのです。」エイナウディは、「教主であり、無声映画のプリマ・ドンナであり、堕ちた偶像なのです。」しかし、「第三幕の終わりには、場合によっては、種明かしと抱擁があるでしょう。」そして、その通りになったのだった。

「彼女は女性についての真実を明るみに出したのよ。そしてそれがみなを魅了したのよ」と、マグダ・オリヴェッティはナタリア・ギンツブルクが他の国々でも大きな共感を呼んだことを説明する。

「まったく強い何か、本当の何かが、彼女の女性理解にはあるわ。それは、土地にも国にも制約されないものなの。「小さな徳」という彼女のエッセイを思い出してみて。そこに、自分が歌を歌えないことについて語った箇所があるわ。〈わたしは音痴で、いつも一本調子で歌う〉とあるの。その通りで、いつもその一本調子のままだけど、それでもその中で大変な凝集力と強さを発揮して、それが無条件に感動させる何かを手に入れるまでになるのよ。私たちが会うときは、話の種は、多くの場合、本ではまったくなくて、うちの子どもたちや彼女の孫のことで、その誰それが何をしたか、だとかね。恋愛の話のこともあったわ。そして、それが後に彼女の本に登場することもままあったのよ。書くことが、そのまま彼女の生き方だったの。」同時に、ナタリア・ギンツブルクは搾りたてで温かい牛乳のような印象はみな避けようとしていた。一九六三年に、彼女はオリアーナ・ファッラーチにインタビューの機会を与えて、こう説明している。「たいていの女性作家には、書いているときに自分を自分の感情から解き放つことがうまくいきません。自分と他人をアイロニーをもって観察することができないのです。アイロニーは、この世の中でもっとも重要なもののひとつなんです。愛でさえもいつもアイロニーと混じり合っています。知識でさえも、です。でも、それをあの女性たちは理解していないように見えます。彼女たちは、いつも感情で湿っているんです。距離というものが何か、わかっていないのです。（…）女性には、女性の書き方がなければなりません。でも、距離をとることが、男性の醒めた眼差しが伴わなければならないのです。」再度、カーゼスはモランテを担ぎ出し、彼女の方がずっと情熱的だったよ、と言う。モランテの本はナタリアにはとても気に入っていたわ、とマグダ・オリヴェッティは注釈を加える。「ふたりは、その上、とても仲がよかったのよ。でも、モランテの世界は、ナタリアの世界ではなかったわ。彼女は、エルサ・モランテの詩的なものが好きだったのよ。」まったく無防備に話す彼女の話し方は、とても好感を抱かせるものを持っていたに違いなかった。オリアーナ・ファッラーチとのインタビューの中で、彼女はいつも同じスカートとブラウスの着合わせの好みを説明していた。「格式ばった服装をしている自分は、醜く思われます。そうでなかったら、五〇〇着もドレスを買うことでしょう。わたしは浪費家だし、倹約のことは考えもしないからです。お金の場合でも、精神的な事柄の場合でも。けっしてお金や感情や思考をため込んでいてはなりません。後になったらもう、使えなくなるのです。」

長引く契約闘争に疲れ、彼女は七〇年代には何冊かの本は他の出版社から出した。社の売却の後には、さらに大きな違和感を持った。一九八七年四月四日、エイナウディ社の編集顧問のひとりに次のような手紙を書いている。「長い年月にわたって森を散歩するのに慣れているものがいると思ってみてください。突然、その森が高速道路に変わったんです。そうしたら、どこか他のところへ行きたいと思うでしょう。どこでもいいから。工場、高速道路、裏庭、鶏舎、どこでもいいんです。森の思い出がないどこかへ。わたしは、作家です。作家が、可能ならの話ですが、自分の本を出してもらう場所を選ぶことは、あなたには理に適ったことではないと思われるのでしょうか。」しかし、後にもう一度復帰することになる。その上、また原稿審査と翻訳を引き受ける。フローベールの『ボヴァリー婦人』とギ・ド・モーパッサンの『女の一生』だ。これに、死の直前まで携わることになる。

「一九九一年の死の前に最後に訪ねてくれたとき、私たちは外に出て庭に行ったの。彼女は花壇に屈みこみ、〈なんて美しい色〉って言ったの。いつもまったく地のままだったわ。それが彼女の性格だったのよ。どこまでも自然で、こうした動物的なところがあって、詩的なものに対する嗅覚を持っていて。そして、憂鬱気質でもあって、それが人を惹き付ける力の一部にもなっていたわ。息子を亡くしていたのよ。ガブリエレ・バルディーニとの間にもうけた末娘には、障害があったの。スザンナといい、とても陽気な女の子。スザンナは、ナタリアが死ぬまで一緒に暮らしていたわ。その後、兄姉たちが世話をするようになったの。こう言ったのを覚えているわ、〈スザンナのことでは安心していられるの。兄姉たちが可愛がっているのを知っているから〉と。ナタリアは、とても人間味にあふれていたわ。まったく型にはまらない流儀で。」

フィレンツェの午後は、終わりに近づいている。マグダ・オリヴェッティには、私たちはまだ何度か会うことになる。そして、その都度ギンツブルク－エイナウディ－オリヴェッティ－モザイクに何かが付け加わる。続く何日か、私たちはさらにフィエーゾレの従妹を訪ね、ナタリアがレオーネの逮捕直後に子どもたちと隠れていた環境を知る。もしかしたら、私たちはとっくに『ある家族の会話』の一部に、みなが互いについて語り合った物語の中に織り込まれているのかもしれない。少し後に、私たちはナタリアの長男、歴史家のカルロ・ギンツブルクに会う。二〇〇九年の秋には、ボローニャの彼に二度目の訪問をする。カルロ・ギンツブルクは、実際に母親が描いた通りの外観で、突然、ふたり一緒の夕べがどのように過ぎていったかを想像させる。「いつしかわたしは、この息子が彼なりの風変わりなやり方でわたしにとって格好の話し相手になっているのを発見した。しかも、こんな風に。わたしが書いたものを彼に見せる。彼はそれを読んで、すぐにわたしに侮辱と誹謗を山と浴びせる。もっとも奇妙なのは、彼の誹謗はわたしを傷つけず、思わず笑わせてしまうことだ。それで彼も同じように笑わずにはいられないが、だからといって、陽気で放埒な不遜さで侮辱を加え続けるのをやめるわけではない。笑いと満足が彼の真っ黒な目から、黒くて、もじゃもじゃで、荒々しい頭からあふれ出るのだ。わたしを侮辱することは、彼の人生の喜びのひとつだと思う。（…）大体のところ、彼はわたしを甘ったるくてセンチメンタルな作家と見なしている。とは言っても、これはわたしの著作活動に対する彼の暴言を穏やかに和らげて言った言葉にすぎない。どうしてあんなに多くの侮辱の後で鍛え直され、蘇生して、執筆を続けようと感じたかは、わたしには謎のままだ。」この男は、実際に怒濤の如く私たちの上に降りかかってくる。大声で、早口で、腕を振り回しながら、自分の近著とイタリアの大学の現状について語る。レオーネ・ギンツブルクも、中年になっていたら、こんな風だったのかもしれない。すでに一一歳で社のために棒組みゲラを校正していたカルロ・ギンツブルクは、ある意味でエイナウディ文化が生み出したもののひとつだ。啓蒙主義的な身振りのギンツブルクにとって、肝要なのは常に、軽視されたディテールや状況証拠を新たに組み合わせることであり、伝説や儀礼を事実と同じように真剣に受け止めることであり、そのようにして歴史的真実に近づくことだ。彼は、ミクロストリアの考案者のひとりだ。たいてい彼の視線は小さな人々、粉屋とか農夫とか魔女と見なされた女性たちに向けられる。わき道にそれた痕跡から、カルロ・ギンツブルク（エイナウディ社の専属作家であるばかりでなく、様々なシリーズの編纂者でもある）はまったく新たなコスモスを創造する。母親との関係にとって決定的だったのは、彼女の仕事とまったく無関係の仕事に就いたことだ、と彼は説明する。「少年の頃、小説を書きたいと思ったことは何度かあったよ。しかし、それはむしろ表面的な望みだった。習作もいくつかはしてみたけど。自分はごく出来の悪い小説家にしかならないということは、すぐにわかったよ。だから、やめたんだ。これからもけっして小説を書かないのは確かだろう。それでも、結局は書かなかった小説も、何らかの形で自分の歴史書の裏地を付けているとは思っているがね。」もちろん、ナタリア・ギンツブルクは臆面もなく場面の数々を誇張して描いたんだ。自分はけっして母が主張するほど粗野ではなかったよ、と続ける。「二〇歳になってやっと母の本を読み始め、彼女と議論するようになったんだ。そこに葛藤はなかったよ。もし対戦相手としての母がいなかったら、とうていい本は書けなかっただろうね。母からはとてつもなく多くのことを学んださ。真似は一度もしなかった、と思うよ。自分のリズムはまったく別のものだからね。明瞭さへの衝動はもとよりあったね。それは感じるよ。凝縮への傾向も。自分にも、通じ合い、何かを伝えたいという欲求はある。そして、そこで母との関係がある役割を演じているのはまったく確かだね。そうでなかったら、おかしなことだろう。そして、どうしても言っておきたいのは、自分は書くことが好きだということだね。」カルロ・ギンツブルク自身の本の中にある物語的要素は、見逃すことはできないし、彼の作品をたいへん魅力的にしているものでもある。『ある家族の会話』が生まれたとき、書くことと生きることとの間の領域は完全に混じり合っていた。「何といっても、子どもの時から母や祖父母たちから聞いていた歴史のことだからね。この本を読んだのは、母がそれを書いている最中で、まるで新聞の連載小説みたいにしてね。これは、本当にちょっと特別なことだった。母はものすごく速く書いたんだ、しかもいつも手書きでね。棒組みゲラの裏を使っていたよ。紙を浪費したくなかったんだね。母は、とりわけ若い時には、長いことまったく何もしない時期があったんだ。でも、いったん始めると、とても迅速だった。『ある家族の会話』では、毎日新しいページを数枚僕に渡していたけど、それがとてもおもしろかったんだ。それでも、母にはこう言ったものだ、人々がどう反応するかは予想がつかない、と。以前のどの本とも似ていない本だったからだよ。持ち前のスタイルはあった。でも、作り話はなかったからね。外部の人がどう読むかは、想像もつかなかったよ。自分自身は、信じられないほど大満足して読み続けたけれどね、興奮して。」話の当事者として、読者の誰もがこの本をフィクションと受け取るだろうと思うのは、カルロ・ギンツブルクにはもちろん不可能であった。それは、どうでもよいことだったから。この家族は、別世界のものだという違和感は少しも与えず、ナタリア・ギンツブルクがいつも自分の小説を捧げてきたすべての家族とまったく同様に、物語に登場するに相応しいものだった。違和感どころか、思いがけなく戦前のトリノのユダヤ市民の世界がそのままの雰囲気で現前し、思いがけなくギンツブルク特有の語りの形式の源泉が垣間見られたのであった。連禱《れんとう》的な繰り返し、風刺と愛情が交互する素材の扱い、暗号にもなりかねない細部への眼差し、が。この点でも、カルロ・ギンツブルクの歴史家としての助走は、母親の文学的企図に近いと思われる。「歴史家と小説家のどちらにも等しく決定的に重要なのは、著者が自分自身については語らないことなんだ。歴史を、物語を配列するのは自分であっても、ね。たとえ、現実をフィルターを通さずに語ろうとしても、もちろん常に歪みは生じるよ。そして、母はそれをよく自覚していたんだ。母の場合、『ある家族の会話』では〈わたし〉と言う語り手は存在するが、自分自身のことは何も明かしていない。これは、自分にはとても興味深いことだったよ。この点に、歴史家としてもひとつの挑発を認めたんだ。ひとかどの歴史家ならそれができる、という意味ではないよ。そうじゃなくて、わかったのは、自分たちが年がら年中どれほどこの一人称を使用しているかということだった。すべては、結局のところ、語りのプロセスを経由して築き上げられているんだとね。」とはいえ、理論的な次元では、母とは一度も議論したことはなかったよ、と続ける。「母は、抽象的な問題にはまったく関心を示さなかったんだ。もちろん僕たちは常に本の話をしたよ。とても多くの本の話で、だから間接的にそのテーマについても、だ。でも、直接的に、ではなかったんだ。話題は、とりわけ、他の人たちのことだった。他の何にもまして、人間が母の興味の種だったんだよ。」そして、またしても私たちはナタリア・ギンツブルクの本の核心にいる。家族だ。両親、兄弟、姉妹、叔母、叔父、甥に姪、子どもに孫といった実の家族。さらには、義理の兄弟姉妹たちや養子にした子どもたちといった、生涯を通じて後から形成した家族も。エイナウディ関係者たちは、その刻印を受けたひとつだ。イタロ・カルヴィーノは、彼女にとって常に弟のような男友達だった。

他者たちの本

——イタロ・カルヴィーノ

インタビューは、彼には厭わしいものだった。自分自身について話すのが好きでなかったからだ。神経質に顔面が震え、何度か言い間違いをし、つかえ始めた。社の会議では控え目であったが、いったん話し始めると、言うことはすべてよく筋が通っていた。自身について情報を提供するように強いられて、イタロ・カルヴィーノは一九八〇年に次のように書いている。「伝記的なデータもしくは誕生日や住所の申告でさえも、我々の所有しているもっとも個人的なものであり、もしそれをさらすとしたら、ちょっとした心理分析を始めるような具合になる（少なくとも、自分はそう思う。一度も心理分析を受けたことはないが）。天秤座の生まれだということから始めよう。私の性格の中では、不均衡なものと均衡するものがお互いに修正し合っており、過剰なものを和らげている。生まれたのは、両親がカリブ海で長年過ごした後に故郷へ戻る旅路についたときだった。絶えずどこか他のところに焦がれる私の地理的な移り気は、それに由来している。両親の知識は、植生の領域およびその驚異と長所をめぐるものだった。私は別の植生、書かれた文のそれに惹きつけられ、両親が教え込むことのできたものには背を向けた。さらには、人間の英知にもずっと無縁だった。幼年時代と少年時代は、密閉された小世界であるリヴィエラ近郊のある街で過ごした。湾に制された海も、密に連なる山々も、どちらもが私に安全と保護の感情を植え込んだ。イタリアからは国道という細い帯が、世界からは近くの国境が私を切り離していた。この卵から孵ることは、私にとっては分娩時外傷の繰り返しであったが、とはいえ、それは今にしてやっと明らかになることだ。独裁の時代に成長し、兵役の年齢に全面戦争に引っ張られたものとして、平和と自由の中にある生を、私は壊れやすい幸福だと思う。それは、いつ何時でもまた私から奪われてしまいかねないのだ。（…）社での仕事を通して、私は自分自身の本よりも他者たちの本に多くの時間を費やしてきた。こう言うのは、残念な気持ちからではない。文明化された共同の生全体に有益なことはすべて、賢く消費されたエネルギーなのだから。」

イタロ・カルヴィーノは、一九二三年、キューバで生まれた。名門学者一家の出である。両親は、ふたりとも国際的に認められた植物学者かつ農学者であり、さらに母親はイタリア女性初の植物学講座担当教授でもあった。そして、親戚には自然科学のあらゆる部門を代表する教授たちがそろっていた。この隊列から離脱することは、彼には困難であった。文学理論への偏愛、実験的なフランス人グループ〈ウリポ〉への熱中、完璧な形式への一生涯にわたる探求は、家族の遺産の一種の継続と解釈できるとしておこう。彼の教育は厳格な反教権主義であり、両親の家はカトリックの家庭と同程度に抑圧的であった。正誤の間では厳格な区別がなされ、この価値基準は拘束的だった。この厳しい尺度からカルヴィーノは虚構の世界に熱中することで逃れたが、既定の人生行路から完全に解放され得るまでには、なおしばらくの時が必要だった。一九四一年、彼はサン・レモからトリノに移り住み、うらぶれた下宿に宿をとり、農学部に登録して嫌々ゼミナールや演習をこなした。文学の方がはるかに彼の野心を掻き立てたのだ。学友エウジェニオ・スカルファリ（最初の論文をローマで雑誌に採用され、戦後は重要なイタリアの新聞・雑誌制作者のひとりとなり、週刊誌『レスプレッソ』の発行人、日刊紙『共和国』の創設者）と、アイロニーの競い合いに明け暮れた。一九四二年春のある手紙には、こう記されている。「六月／八時二〇分／一〇日／やあ、エウジェニオ／新聞を受け取った、手紙を受け取った／新聞のことだが／ごめん、試験があるかもしれない（昨日、ひとつ済ませた、ほとんど口を開くことなく、二一点もらった）／クリスティーナが来ているかもしれない（ブロンドで、空色の目をしていて、類の皮膚は、プラムのようにすべすべして、みずみずしい）、君の論文を読もうとがんばってみたよ、でも、いくら努力しても何ひとつわからない。ひとつには、経済についてては何も理解できないせいかもしれないし、僕が一行も読み終えることのできない君の書き方のせいかもしれないし（ごめん、でも、それは言っておかなければならないんだ）、またひとつには、「実践」（…）だとか「企業家」だとかの概念を使っているせいかもしれない。その他もろもろの、もう思い出せないし、どんな意味かもわからない概念だ。要するに、くそだ！（…）僕を何だと思っているんだ、無知蒙昧か。僕の物語が時代遅れの類いだということは、とっくに知っていたよ、君が説明してくれる前からね。書いているときからもう、知っていたんだ。それが何だというんだ。（…）偉大なものたちはみな、他人を模倣することから始めたんだ。」

一九歳のカルヴィーノは、自信をもっていて、行動意欲にあふれた印象を与える。彼は無鉄砲なイメージを培い、いくつかの手紙の中でスカルファリのもったいぶった書き方と国を背負ったような風をからかっている。文体の放逸は、すでに当時から彼の性に合わず、自分よりずっと成功した友人にも厳しく言い聞かせるのをためらわない。両親には教材や下宿の食事や迫り来る兵役について手短に知らせるだけの一方で、スカルファリに対してはずっと正直で、退屈な結晶学や細胞の光合成の講義について愚痴をこぼしている。彼の目標は、他にあった。彼は、映画評をいくつか雑誌に採用してもらうことができ、ファシストの文化機関ＧＵＦ（グルッピ・ウニヴェルシターリ・ファシスティ〔大学ファシスト集団〕）の戯曲コンクールに応募し、一九四二年の五月にはエイナウディ社に物語を数編持ち込む――返事はボツであったが、そのことはむしろ彼を発奮させたようだ。

一九四三年一月、カルヴィーノはフィレンツェ大学の農学部に籍を移した。九月のサロ共和国樹立後は、軍隊への召集を逃れ、サン・レモに身を隠す。数か月後、ある友人の仲介で共産党と接触し、一六歳の弟フローリと共にリグーリア山中で激しい戦闘に巻き込まれていた〈ガリバルディ旅団〉の第二師団に合流した。受けた教育の倫理的な厳格主義が決断を容易にしたようだ。一九四四年の冬、ファシストに捕らえられ、監獄送りとなったが、翌日にはある幸運な出来事によって脱獄することができた。両親は、その間、人質として拘束され、何度も銃殺の危険にさらされた。何とか息子たちを出頭させようと望んだ人たちもいた。それでも、家族は戦争の最後の数か月を無事に切り抜けることができた。

パルチザン闘争（後年、カルヴィーノのデヴュー作『蜘蛛の巣の小道』の中でその内部矛盾が知られることになる）は、二二歳の彼にとって深く心に刻まれた経験だった。エウジェニオ・スカルファリ（抵抗運動には参加せず、自由社会主義者の陣営に加わって、行動党の正党員になった）に宛てた一九四五年七月六日の手紙の中で、彼は以前とはまったく異なった口調で語りかけている。「エウジェニオ、僕は君が死んだとずっと思っていた。解放以来君に書き送ったいくつかの手紙に返事がもらえなくて、最近になってやっと君の葉書を受け取るまではね。僕たちは、みな生きているんだね。〈下界〉にいる君たちにはけっしてわからないだろう。この時代が僕たちにとって何を意味したのか、そして生き延びた誰もがどんなに自分を幸福に感じることができるかなんて。僕は、他の誰よりもたくさんの理由で君にそれを言うことができる。昨年の僕の生活は、激変の唯一の結果だからね。僕はその間ずっとパルチザンで、たくさんの言葉に尽くせないほどの危険と耐乏生活をくぐり抜けてきた。監獄と脱獄を知ったし、死に直面する思いも何度もしてきた。でも、僕は自分のしてきたことすべてに満足している。蓄積してきた経験の資本にね。いや、もっとたくさんのことをしたかったくらいだ。（…）今は、ジャーナリズムと政治の仕事をしている。僕はコムニストで、その責務に一身を捧げている。

明日は、トリノに行って、地元の週刊紙との協力の取り決めをする。でも、すぐに戻ってくるし、君に再会するのが楽しみだよ。君は行動党のお偉方か何かかと思っていたよ。そうじゃなくて、ずっと牧歌的な田舎暮らしをしていたと聞いて驚いた。昔の友人たちは、みんな生きている。特に功績のある者はいないよ、ジャンニを除けばね。彼は、ほぼ一年山中に籠りっきりと言えるくらいで、ガリバルディの部隊の人民委員だったんだ。」当時のイタリアにとって典型的で、けっして乗り越えられなかった亀裂が、暗示されている。若者のある一部は生命を懸け、別の一部は地下に潜っていた。スタートラインでは自分の国を擁護したものも、今度はそれを変えようと欲し、政治的な再建に参加しようと望んでいたのだ。

カルヴィーノがこの時点で両親の期待から自分を解放することができてトリノに戻り、文学部に鞍替えしたのは、確かに偶然ではない。そこで抵抗運動の闘士である彼はすぐに専門課程の勉学を始めることができたが、選択されたのは、あらためてトリノだった。この街こそ、彼の覚醒の気分にぴったりだったからだ。労働者の運動と知識人の動向からまさに今、何か新たなものが形成される気配があった。「トリノが私を惹き付けたのはある種の長所のためだったが、それは私の出身地方の人々のそれと似ていなくもなかった。そして私にもっとも好ましかったのは、ロマン主義的な泡沫の不在、自分自身の仕事への信頼、他人を寄せ付けない生得の懐疑主義、そしてそれにも増して、隔絶した地方にいるのではなく大きな世界の進展に関与しているという確かな感覚、生をちょっとしたアイロニーで耐え抜くことができることへの喜び、さらには、究明的で合理的な知性である。つまり、私を惹き付けたのは、道義的、市民的トリノであって、文学的トリノではなかった。それは、もうひとりの〈養子のトリノ人〉、あのサルデーニャ人のグラムシが認識して育て上げ、嫡子のトリノ人、すなわちゴベッティが今なお刺激的な著作で描いた三〇年前のこの街への召命であった。すでに第一次世界大戦以前に自らを主導的階級に組織した革命的労働者のトリノであり、当時は妥協の意などさらさらなかった反ファシズム知識人のトリノであった。このトリノは、今日まだ存在しているのだろうか。思うに、このトリノは自らの力を灰の下の熾火《おきび》のように保つ長所を持っている。そして、どんなに乏しくなったように見えようとも、今なお生き続けているのである。」

戦後まもなくして、カルヴィーノはエイナウディと出会い、宣伝文や地方新聞のための記事や査定書を書き始めた。エイナウディは、彼の中に新しいタイプの知識人を予想した。精神的能力にとどまらず、実践的、経済的な能力を自在に操るタイプである。そのような特性は、売り上げの促進を図る熱に浮かされた活動には、ぜひとも欲しいタイプだった。いわゆる〈エイナウディ便り〉は、その活動のひとつだ。月刊、後には季刊で店頭に出る三〇〇リラの家庭向けの雑誌で、公刊前の本の紹介や書評や高踏的な理論論文は、カルヴィーノを始め、ボッビオ、ミラ、カーゼスなど多くが執筆した。一九五二年と一九五九年の間、カルヴィーノはこの雑誌を担当した。さらに、毎年、〈エイナウディ書籍週間〉があり、その期間中、作家たちはイタリア中に巡業に出され、書店に現れては、朗読会を催した。確かに売れ行きや市場は社の内容的方針には反映しなかったが、読者との繋がりは保っておきたかったのだ。

カルヴィーノは、この間にパヴェーゼやジュリオ・エイナウディばかりでなく、ナタリア・ギンツブルクとも友情を結んだ。「わたしがカルヴィーノと出会ったのは、一九四六年、トリノのエイナウディ社の入り口ホールの暖炉の前だった。それは雪の降る朝で、どんよりと暗く、ホールには灯りが点いていた。カステラモンテ産の、触ると手が赤らむあのタイル張りの暖炉だった。カルヴィーノは当時まだ『ウニタ』紙の仕事をしていて、たまたま社に来ていたのかもしれない。例えば、ある本を書評する許可をもらうためなどに。（…）わたしたち、わたしとカルヴィーノは、とても長いこと話をした。暖炉の前に立って。なぜふたりとも椅子に座らなかったかなんて、わからない。よく覚えているのは、暖炉と外の雪だ。でも、何を話したかは記憶にない。たぶん、物語についてだ。（…）わたしの偶像は当時ヘミングウェイで、それがカルヴィーノの偶像であることも聞き知っていた。彼もわたしも、ヘミングウェイの『白い象のような丘』のような物語が書けたら、人生の一〇年を差し出しただろう。（…）二年後、わたしたちはストレーザにヘミングウェイを訪ねた。社の依頼で訪ねたのだ。わたしたちは、幸福であると同時に、受け入れてくれないのではないかと心配だった。彼は、わたしたちを自分の部屋に招き入れてくれた。小さなテーブル（その上には、なぜか知らないが、何本かのろうそくだけがあって、火が燈されていた）のそばで、やっとわたしたちは『白い象のような丘』をどんなに愛していたかを話すことができたのだった。カルヴィーノは、パヴェーゼとわたしに自分の物語を読むようにとくれた。それらは手書きで、小さな丸い字体で書かれ、たくさん線で消してあるところがあった。わたしたちには、とてもすばらしいと思われた。そこには、明るい風景が読み取れた。夏の光に浸されて、ときとして死と血の戦争の出来事が書かれてはいたが、この明るい日の光を曇らすものは何もなく、子どもや獣や鳥たちが住んでいる緑の深い森を覆う蔭はなかった。彼の文体は、当初からまっすぐで、明瞭だった。時間の経過の中で、一年また一年と、それは純粋な結晶となったのだ。新鮮で透明な彼の文体は、現実を色とりどりの斑模様に、数限りない色彩に満たされたものにしていた。そして、この明るさは、この日の光は、どちらかと言えば、堅苦しく、倹約的で、辛辣な書き方をする時代にあっては、わたしたちが語ろうと試みる世界には霧と雨と灰しか存在しない時代にあっては、ひとつの奇跡と思われたのだった。」

パヴェーゼは、カルヴィーノの最初の物語集が出版できるように計らい、長編小説を書くように鼓舞した。抵抗運動の中の自分の経験をぜひとも題材として活用しなければならないよ、と。カルヴィーノはその助言を真剣に受け止めた。三週間も経たない一九四六年の一二月に、「蜘蛛の巣の小道」が書き上がる。エウジェニオ・スカルファリに知らせたようなたいへんな窮乏生活の下で。「書くことは、今日では、惨めで禁欲的な手仕事だ。氷のように冷たいトリノの屋根裏部屋に住んで、切り詰めた生活をして、慈父のような振替入金を待っている。その金でともかくエイナウディ社の賃金分の数千リラの代わりにしなくてはならない。」しかし、彼は一途に目標に向かい続ける。ほどなくして、彼はジョゼフ・コンラッドについての論文で大学を終え、フルタイムでエイナウディ社の広報業務に加わる。その間ずっと、スカルファリに白状しているように、「甘く切ない重婚」だけが慰めだった。一〇月に出た処女作で、この新世代の作家は商業的成功を収めた。抵抗運動との路線に忠実な対決、もしくはまったくの賛美の痕跡は見られない。そうする代わりに、カルヴィーノは戦争の出来事を、放埓な小人の妖精のようにリグーリアの森を暴れまわる生意気な孤児ピンの視点から描く。ファシストもパルチザンも区別はなく、好奇心の強いこの子どもの目を逃れる残忍行為はない。暴力の意味を思索する政治委員のキムの他には、戦いは大半のものにとっては思想的に動機づけられておらず、比較的小さな惨禍にすぎない。後に有名になった『ウニタ』紙への書評の中で、年長の同僚パヴェーゼはカルヴィーノとその〈分身〉ピンを物書きのリスに譬え、非常に的を得た比較を行っている。「臆病というよりは戯れに木から木へと飛び移っては、パルチザンの生を森のメルヘンのように観察する、人騒がせで、刺激好きな」リスだと。

これも、トリノ人たちのひとつの戦略であった。エイナウディ協力者たちは、仲間内で刺激し合うだけでなく、大新聞にうまく書評の場を得ることにも努めたのである。自ら著書を出版し、もちろん当事者であったことには、何の問題もなかった。それどころか、彼らは言論に決定的な役割を果たし、文化のテリトリーを占有することを欲していたのである。彼らは、術策をめぐらした。終いには、諸新聞の編集部員たちも「自分たち」の側の人々になり、円滑な人材移動さえも行われた。エイナウディ社から来たものもあれば、『ラ・スタンパ』紙の文芸欄に移り、そこからまた別の新聞社に行ったものもあった。近親相関的な関係のもつれが生じ、それが後には足枷やタブーに行き着くことにもなった。政党の中では、当時、とりわけ共産党が文化への働きかけに尽力していたが、それは社の路線に適っていた。キリスト教民主党と右派陣営はともに、その時代にはすでにテレビに狙いをつけていた。そして、それによって大衆の心をつかんでいたのである。

カルヴィーノが抵抗運動への批判にもかかわらず根本的な変化への期待を抱いていたことは、一九四八年七月一六日に例を見ない波状ストライキの最中に匿名で発表した記事から窺われる。四月の選挙以来、国内の勢力関係はそもそも明白だった。キリスト教的民主主義政党であるキリスト教民主党が、投票数の四八・五%で三一%の社会主義者と共産主義者からなる〈人民戦線〉に勝利していた。ひとつの方向決定だった。迫りくるスターリンの影響力の行使に反対して、アメリカとヴァチカンによる監督に賛成する方向である。階級横断的なカトリック政党を自認し、当初は社会改革政策を主張したキリスト教民主党の反共産主義路線が成功を収め、デ・ガスペリが政権の座に就く。アメリカはキリスト教民主党の選挙戦を支持し、さらなる財政的援助を約束したばかりでなく、左翼陣営の勝利の場合に備えて軍事的介入プランをも周到に用意していた。キリスト教民主党への明白な賛成の意思表示にもかかわらず（以後もあり得ないような最高得票であった）国内は分裂し、目標とされたファシズムの法的再検討は等閑に付された。解放後の数か月間のパルチザンによる制御不能な粛清運動（多くの禁固刑が下され、死刑——約一万五〇〇〇人の犠牲者が見積もられる——が施行されたが、国家機構は不可侵のままだった）の後、すでに一九四六年には法務大臣トリアッティの下で大規模な特赦が公布された。旧体制の高官たちでさえも、もとの地位に戻ることができた。同時に、悪評高いファシズム的な刑法典〈コーディチェ・ロッコ〉も効力を有し続けていた。共産主義者に対する誹謗が行われ、冷戦の始まりがキリスト教民主党と共産党間の対立をさらに掻き立てた。一九四八年七月一四日にひとりの狂信的な学生がトリアッティに三発の銃弾を放ったとき、多くのイタリアの都市で不法行為や暴力的デモが発生した。国家の権威は、一瞬にして麻痺する。鉄道は止まり、電話線は切断され、トリノではフィアト社の労働者が工場長のヴァレリオ・ヴァッレッタをオフィスに監禁した。突然に、〈赤い二年間〉の再来が間近に迫っているかに見えた。カルヴィーノはあるストライキ機関紙のためにオブザーバーとして居合わせていて、相次ぐ出来事に心を惹き込まれた。奇妙な高揚が彼の描写の中に顔を出している。「トリノの大きな心臓が工場の門の背後で脈打っている。夜だ。だが、労働者たちは起きて、待っている。鉄塔からは不眠のふたつの目が人気のない通りを探索している。雷雲の溢れるこの夏の夜の小糠雨《こぬかあめ》に浸された輝きの中で。工場の塀に沿って歩けば、すべてが土曜の晩のように眠っているかに見える。しかし、門扉の隙間を透かして見れば、ひとりの年老いた労働者の白い口髭を認めることができる。黒ずんだマントに包まれて、何年も前からここで見張りに立っているかのようだ。郊外地区の草原で工場の煙突が高く煙を放ち、いつも自分のシフトを待っていたときから。鼻穴を広げて朝の空気の臭いを嗅ぎ出しているパルチザンのたてがみが見える。巨大なくず鉄の山をいっぱいに積み込んだ車両が製鉄所への道を塞いでいる。その背後に、難攻不落の街が、金属でできた森が横たわり、その幾何学的な城が曇で覆われた空を背に聳え立っている。そしてこの街の中に、仕切りの作る迷路の向こうに三々五々、労働者たちの各グループがいて、小声で話し、行ったり来たりしている。二日二晩前から、彼らは行ったり来たりしているのだ。そして一瞬毎に彼らの冷静な決断は募り、被った侮辱の意識は高まり、腕にも心にも力が漲《みなぎ》る。今やイタリア中で目覚め、待っている数千の同志たちと同様に。製鉄所の眺めは、夜には感銘を与える力を持っている。鉄橋からは暗色の塊となった巨大な延べ棒が垂れ下がっている。棒鋼やキュクロプスのような車台や巨大な加圧機が山のようにある。労働者＝人間の意志の言うなりになる恐ろしい獣のようだ。すべてが、霧が織りなすような半影の中にある。それは、一種独特な世界だ。謎に満ち、征服されることがない。ナチの親衛隊でさえも、恐くて、近づけない。ここには、鉄でできた人間たちが住んでいる。灼熱した鉄のように歴史を鍛える力を持った人間たちだ。軒の低いバラックの間の通りと倉庫の上の金属の空は、茶色い、死体にも似た光に照らされている。燐色の影のように、老若の労働者たちが通路から出てきて、焼き窯の方角に行くのが見える。従業員食堂で闘争細胞の集会があるのだ。食堂の敷居には、巨大な一本のパイプがあるが、世界のはらわたの中に通じているかのようだ。中は、もう人でいっぱいだ。決然とした真剣な面差しだ。プロレタリアートは、その歴史の大いなる時のひとつを体験している。そして、外では濡れた通りがみすぼらしい家屋を取り巻いている。」このほとんどダヌンツィオ風な誇張文体は、後年の醒めたカルヴィーノには似合わない。彼は、工場経営陣への反乱を抵抗運動の継続のように描写している。労働者の運動は、解放の幻想の投影面になる。その政治的土台は、作家にはわかっていない。イタロ・カルヴィーノがここで新しい人間の誕生として祝福しているものは、かろうじて回避された内戦の先触れであった。トリアッティはすぐに冷静さを取り戻し、党の指導者層と一緒になって平静を促す。ゼネストは、わずか数日で終結した。すると今度は、社会のあらゆる領域で様々な政治的会派間の塹壕戦が始まった。しかし、イタロ・カルヴィーノにとって、自身の共産主義的情熱が気の進まないものとなっていたのは明らかである。他の記事では、距離を置いた姿勢に逃れているからである。〈鉄でできた人間〉に捧げた政治的文書から数か月後、『ウニタ』紙の記事の中で、彼はトラム七番線に乗って毎年の〈ウニタ祭〉に行くのを拒否した。それは、自分の立場にふさわしくない、少なくとも、行くならば馬か、少なくとも工場のトラックでなければならない、と。彼は、相変わらず、完全には摑むことのできない空気の精なのであった。政治参加は彼にとっては義務のひとつであり、社でも同じで、そこには自身の共産主義細胞さえあったくらいである。しかし、現実の情勢に対しては、まだしばらくは目をつぶっていた。一九五一年には、『ウニタ』紙のためにソ連へ出張したが、送られてきたものはどれも、ロシア人の日常について軟焦点レンズを通して見たような記事にすぎなかった。

エイナウディ社の一員としての大きな局面は、それを彼は回顧的に自身の文学的召命からの逃げ口上とも捉えているが、決定的には一九四九年の九月に始まった。カルヴィーノはエイナウディ社の報道部門の部長になり、同時に原稿審査係として活動を始める。他のみなと同様に彼にも深い衝撃を与えたパヴェーゼの死は、彼をさらに密接にジュリオ・エイナウディに結び付けた。それからほどなくしてフェリーチェ・バルボが社を離れたとき、世代交代が表面化し、社は七〇年代に到るまでこの出版社を方向づけることになる新たな人材を雇用した。カルヴィーノが全面的に自分の仕事に専念したことは、彼の業務書簡が証明している。査読者や翻訳家や作家に五〇〇〇通を超える手紙を書いたのだ。次から次へと彼は才能ある人材を見つけ出しては、書籍や雑誌の出版計画のアイディアを繰り広げ、文学理論的問題を論議し、新刊書のカバー宣伝文（それらは今日でも読むに値する）を——匿名で——書いた。手紙では事務的な口調が主調をなしているが、それでも知的発見者の意欲がほとばしっている。担当した著者たちに、原稿審査係のカルヴィーノは励ましと厳しさの入り混じった態度で向き合っている。カルヴィーノ同様抵抗運動の闘士であり、その年月の親密な文学上の同行者であったマルチェッロ・ヴェントゥーリに宛てては、一九五〇年の五月に次のように書いている。「マルチェッロ、一月三日に君は原稿を送ってくれて、僕は五月三日に返事を書いている。四か月後だ。君は僕に腹を立てているし、それも当然だ。でも、出版社の仕事は原稿の洪水の中で行われ、毎日、新たな、急を要する案件が古い案件を埋もれさせている。君に言いたいのは、小説はちゃんと読み始めていたし、気に入らないことがわかっていたということだ。でも、君に返事を書くために、読み終わるまでたっぷり時間を掛けたかったのだ。興味深かったし、君が勧めてくれたんだからね。この小説が僕に気に入らないのは、セガの古い話が書いてあるからで、これがそもそもの最初に読んだときから気に入らなかった。好感の持てない、美辞麗句を並べ立てる鉱山労働者のことが書いてあるからでもあり、とりわけ、〈沈みゆく太陽に燃え上がった山々〉だの、〈光の中で輝いている大気〉だの、〈密集した樅の神殿〉だのと、こねくり回しているからだ。そんなものを書けと、誰が教え込んだんだい。君の物語の美しくて、辛口で、清潔な言葉は、どこへ行ってしまったんだ。君は何を読んでいるんだ。この本には、たくさんのよいところがある。ある種の凝集した力に手が届いている瞬間がある。そう思える。それに、かなり手堅く構成されている。でも、そんなものが何になるんだ。出版の妄想に囚われるのはやめるんだ。出版したとして、それで何を得るというんだい。君は僕とおんなじな惨めな奴になってしまう。一からやり直さなければならないか、書くのはやめてしまわなければならないか、という僕と。一〇年、一五年、出版は待つんだ。その間に、体系的に読書して、もう少し抜本的に研究して、本当にしたいことは何かをもっとよく理解するんだ。全力をふりしぼれ。僕は待っている。そして、やがて君の書いたすばらしく美しいものが読めることを望んでいる。カルヴィーノ」

この厳しさをカルヴィーノは自分自身に対しても発揮している。抵抗運動小説『蜘蛛の巣の小道』以来、いくつかの構想にとりかかっては、また棚上げした。不満足だったのだ。処女作にとっては決定的だったネオレアリズモの理論枠組みは、使い古したと思われた。マルチェッロ・ヴェントゥーリだけでなく、他の友人たちに対しても、自分は美学的に袋小路に入り込んでおり、すでに自動化した語り形式の犠牲者になっている、と苦悩を訴えた。エルサ・モランテには、一九五〇年五月にこう書いている。「すでにひとつの作風の囚われ人になっている気がしますが、実際その通りなんです。是が非でもそこから抜け出さなくてはなりません。ちょうど今は、「まったく別の」本を書こうとしています。でも、それはいまいましくも難しいんです。慣れ親しんだカデンツを打ち破ろうとしています。既成の型紙のように私の文章に流れ込んでいる以前に使い慣れた表現の名残りを。事であれ、物であれ、人間であれ、完全にそれぞれの具体性のままに見ようと試みています。画一的に基本色で描くのではなく。（…）あなたは、ひとりの作家が自分の本から一種の敵対的な距離をとって語るのを聞くのは、気に入らないかもしれません。それは、あなたが行い、あなたがほとんど自己同一化している物事の盛衰にかかり合っているからなのです。でも、いいですか、あなたにはもっとも乖離した要素を再び統一にもたらす才能があるんです。すべてをひとつの分母の上に載せる才能が。あなたは大きな共感的な力を持っています。女性にはめったにない特性です（めったにない？　いやいや、もしかしたら、〈すぐれて〉女性的な統合力かも？）。いずれにせよ、あなたは統合的です。例えば、ナタリアとは違います。彼女にはこの問題はまったく成り立ちませんから。彼女は生きて、見て、たったひとつの簡潔明瞭な観点と作風で自分を表現します。僕らと同じように、バラバラになった世界に生きているのにね。あなたは、世界がバラバラになっており、それがとてもたくさんになっていて（それは顧慮しなければならないものです）、ひとつにはなり得ないと感じています。しかし、炯眼をもって、愛情ある粘り強さで、あなたは繰り返しすべてをひとつの分母の上に載せることができています。それに対して、僕にとって書くことは常にひとつの方向に出発することなのです。すべてを一枚の地図に託して。でも、他の方向があることは意識しています。危険も意識し、自分の役を演じ切るのには失敗するかもしれないことも。だから、僕の書くことはいつも疑わしいのです。」他の作家たちよりも強く、イタロ・カルヴィーノは昔ながらの〈国語問題〉と格闘した。偉大な古典作家たちがトスカーナ方言を採用したことで、イタリアには古くから話し言葉と書き言葉の間には大きな違いが存在していた。書き言葉は、長いこと生きた言語使用から切り離されたままで、静的なものと受け止められてきた。標準イタリア語は義務教育とテレビによってようやく浸透し始めたばかりであった。そして、この言葉がとりわけ工業化、経済活動、官僚機構の新しい要求を満たそうとしているように見えた。パゾリーニは、一九六四年、イタリア語の中立化と平坦化を嘆き、それに消費の言語という烙印を押すことになる。カルヴィーノには、これに内容への問いが加わった。それは、仲間の女性作家たちにはずっと単純に答えることができた問いだった。彼はどんな話を物語りたかったのだろう。

その理由からも、彼には原稿審査の仕事の方が気が楽だったのかもしれない。水曜会議の席では、彼は懐疑家として振る舞った。頻繁に懸念を表明する役である。担当の著者たちに対しては、単刀直入で、偽らなかった。「文学の真の役目は、他人の神経に障るように書き、リアクションを引き出すことにある。そうでなかったら、眠り込んでしまうじゃないか。」ごく稀にだが、忍耐を失うことはあった。「君の物語の文体は、薄っぺらで、感傷的で、小便臭くなる一方に思える。いいかい、小便臭く、だよ。」社外では、自分を画一化したり、一箇所に居を定めたりするのには躊躇していた。彼は、数年間、一時しのぎの屋根裏部屋か駅近くの隙間風の入る家に住み、両親がリグーリアから送ってくるオリーヴ油を売って給与の不足を補っては、学生のような暮らしをし続けていた。五〇年代の始めにようやく美学的板挟みからの出口を見つけ、彼の語りの文体が持つメルヘン的要素をさらに発展させ始める。一九五二年の「まっぷたつの子爵」は、彼のアレゴリー的・ファンタジー的三部作『我らが祖先たち』の序曲となり、「木のぼり男爵」（一九五七）と「不在の騎士」（一九五九）と合わせて、今日ではイタリア文学の鏡のひとつである。ここで現代人の分断と自己疎外――文字通り分割

イタロ・カルヴィーノ

された主人公の姿で具体化されている――が克服され、全一的な存在が理想として表現されたことは、カルヴィーノの慎重なオプティミズムの表れとなっている。

政治的大変動の時代が始まった。一九五三年のスターリンの死の年、デ・ガスペリが退陣し、アメリカ合衆国ではアイゼンハワーが権力の座に就き、フルシチョフとアメリカ大統領との頂上会談で両ブロック間の慎重ながらも接近の兆しが現れた。国際情勢に極度に依存することで、イタリアは関係変化の共振空間のような印象を与えた。イタリア内政の冷戦は停止したが、周縁小政党の急進化は進みさえした。一九五三年の選挙では、君主制主義者とネオファシストの極右二政党が合わせて一二・七%を獲得した。共産主義者は二二・六%、社会主義者は一二・七%、社会民主主義者の分裂派は四・五%だった。キリスト教民主党は四〇・一%だった。自由主義者と共和主義者とを合わせて四九・九%で、絶対多数をわずかに逸した。社会主義者はスターリンの死の前に党大会で新たな政治的組み合わせを表明し、カトリックへの〈広い橋の構築〉を口にしていたが、結局はその後一九五七年に、一九四八年来成立してきた社会主義者と共産主義者の統一行動の解消を招き、アルド・モーロの下での連合政府に行き着くことになる。しかし、カルヴィーノやエイナウディの協力者たちはまだ、出版社の仕事であれ、政治的主導権であれ、未来を自分たちのイメージ通りに形成することができると信じていた。とはいえ、三年後のハンガリー動乱の鎮圧とともに、醒めた幻滅が始まる。カルヴィーノは、『同時代』紙に発言の機会を得て、党指導部の姿勢をあからさまに批判した。独自の名称を持つ社内の共産主義細胞〈抵抗運動の中で倒れた同志に因んで〈ジャイーメ・ピントール〉

という）に彼は一枚の文書を提出し、その中で党機関紙『ウニタ』のブダペストでの出来事についての改竄報道を弾劾した。細胞は共産党に対してアピールを行い、「ポーランドとハンガリーの民衆蜂起との、ならびに民衆の側に立って戦い、方法と人間の抜本的な革新を要求する同地の共産主義者との我々の完全な連帯」の表明を要求した。

同時に、カルヴィーノは辛辣なユーモアをも見せつけた。詩人で翻訳家のフランコ・フォルティーニ（同じく根っからのコムニストでもある）に宛てた一九五七年五月の手紙には次のように記されている。「君の直近の手紙と以前の手紙のひとつに幻滅の口調を見つけたよ。秀逸だ。我々は暗い時代に生きている、よい方向に進んでいるものはまったく何もない。人生の短さを考えてのみ自らを慰めることができる。こんな状況の中でこそ、気分はすこぶるよい、と言わなければならない。そして、とうとう完全な人間嫌いになってしまったが、これは、思うに、僕の本当の性格にぴったり合っている。君は、僕から見ると反対に、何であれすべてのことにどん欲だね。ちぇっ！　気分が悪くなる一方だ。僕は本を書いたが、それについてはもう話したね。『木のぼり男爵』というんだが、このイメージを言い表すのにはまあまあうまくいったかもしれない。いやな本になったものだ。信頼して打ち明けると、なるべくしてそうなったんだ。君に送るよ。君は詩集を送ってくれないけどもね。今は、もうひとつ長い物語を書いている、まったく違った作風で、ヘンリー・ジェームズとシルヴィオ・グアルニエリの中間みたいなものだ。世の中の物事が悪い方に進めば進むほど、う､､､まく書けるものさ！　万歳！　君のカルヴィーノ。五月も終わりだというのに、ちぇっ、いまだに雨が降り続いている（う､

まく、とは、書けば何も考える必要がない、という意味で、じょうずに、とか、有益に、とかの意味じゃない。文学は、死んだんだ)。」

激しい党内論争は、さらに数か月続いた。「我々イタリア人コムニストは、分裂症だった」と、一九八〇年にカルヴィーノは説明している。「だが、それは正しい表現であると本当に信じている。一面では、我々は真実の証人であったし、あろうと欲していた。不正を被った弱者と被抑圧者の報復者、正義の擁護者であったし、あろうと欲していた。その一方では、党の名において党とスターリンの不正を、干渉を、独裁を正当化していた。統合失調症で、分裂していた。私は、社会主義諸国への旅行のことを、そこでどんなに居心地が悪かったかを、どれほど異邦人で、敵意に取り囲まれていたかをまだよく覚えている。それから列車でイタリアに戻ったときに、自問したものだ。ここでは、イタリアでは、このイタリアでは、コムニストでなかったら、自分は他に何者でありうるのか、と。その理由からも、緊張緩和《デタント》やスターリニズムの終焉は、我々の胸から巨大な重圧を取り去ったのだ。というのも、我々の倫理的側面と我々の引き裂かれた人格は、やっと再び統合への道を見出すことができ、やっと革命と真実がひとつのものになったからだ。それは、あの日々にあっては我々の多くの夢であり、希望であったのだ。」一九五七年には、もはやその痕跡は何も残っていなかった。確かにトリアッティは、一九五六年一二月の第八回党大会で新たな目標の方向を設定しようとはした。ソ連の介入を非とせず、「社会主義へのイタリア的歩み」を語り、これまで革命の希望を掻き立てると同時に小さいながらも民主主義的な前進を果たしてきた〈二股〉を激しく非難した。カルヴィーノには、これは充分ではなかった。党があくまで動かないので、彼は六月に不本意ながらも離党を決意する。細胞〈ジャイーメ・ピントール〉の事務局、トリノ地区同盟の事務局、イタリア共産党の書記局、そして『ウニタ』の中央編集局に、一九五七年八月一日に五ページにわたる手紙を書いて、こう述べた。「親愛なる同志諸君、君たちに考え抜いた苦痛の決断を伝えねばならない。離党するという決断だ。(…)私は、多くの同志諸君と共にイタリア共産党が共産主義の国際的革新運動の先端に立ち、破壊的で反民衆的であることが判明した権力の行使方法を弾劾し、あらゆる領域で下からの主導権を促進し、それによって労働者階級の新たな統一のための礎を置き、この創造的なプロセスにおいて革命的な力と大衆への影響を再び獲得することを希望してきた。私は、がっしりと一致結束した倫理的衝撃だけが一九五六年という年を現実に党の〈革新と強化〉の年にすることができると考えるひとりだった。共産主義的世界の様々な部分から我々に勇気と透明性を呼び覚ます声が届いたあの瞬間には。しかし、共産党(…)が選んだ道は、改革の萌芽を決定的な保守主義へと水増しし、戦いの力点を独断論者に置く代わりに、いわゆる〈修正主義者〉に置いたもので、私には(とりわけ、より多くの期待をかけていた若い指導的部の側からの)大いなる歴史的チャンスの放棄にしか思えないのである。」多くのエイナウディ協力者が彼の例に従い、離党した。国は、混乱の最中にあった。一九五八年にキリスト教民主主義者のアミントーレ・ファンファーニの第二次内閣が状況の鎮静に着手するまでに、一九五三年と一九五八年の間に六つの政府が生まれてはつぶれたのである。

カルヴィーノにとって、政治は背景に後退した。彼にはまだユートピアの避難所として文学が残っていた。そして、この分野で新機軸をもたらす成功を収めることができた。すでに一九五四年に、ジュリオ・エイナウディは彼をある出版企画へと促していた。イタリア全土から二〇〇話の民間伝説とメルヘンを収集して語り直す仕事で、これに彼は以後何年にもわたって携わることになる。軽やかで生気にあふれている点で、『イタリア民話集』は彼のもっとも美しい書物のひとつである。翻案に当たっての作家の関心は、民間伝承の模倣でも民俗学的な忠実さでもなく、リズムであり、無駄のない語り口であり、メルヘンの内的論理であった。ここで彼は、民衆的遺産と上位文化との間の旧来の区分を克服し、輝きを逆方向から引き出す芸術作品の創造を成し遂げたのであった。この書物は、非常に広範囲にわたる効果を発揮した。政治的論議には付きものだが、まれにしか実現しない社会的な橋が突然に架けられ、社会との直接的な接触が生み出されたのだ。このメルヘン集がすぐに学校読本になったからである。この本は、『木のぼり男爵』と同時に出版された。カルヴィーノは慎重に最初の総括をする。一九五九年には、次のように記している。「戦後のイタリアには文学的な爆発があった。それは、芸術的経験である前に、肉体的な、根本的で集合的な経験であった。私たちは戦争を体験した。そして、私たち若い世代――かろうじてパルチザンになるのに間に合った者たち――は抑圧されたり、敗北したり、〈火刑にされたり〉とは感じず、自分たちを勝利者と、何かの独占的な担い手と感じていた。それは軽率な楽観主義ではなく、単なる多幸症ですらなかった。まったく反対に、私たちは自身の内に生の悲劇的なしるしを、ある深い憤りを抱えていたのだ。絶望の能力であったかもしれないが、私たちが常に重視していたのは、向こう見ずな上機嫌だった。多くの事がこの向こう見ずな上機嫌から生まれた。これこそが私の初期の物語と最初の長編小説の誘発因なのであった。歴史的な瞬間が私たちに仲立ちした緊張感は、急速に失われた。ずいぶん前から、私たちは死の海を航行していた。私たちの最初の物語によって、私たちは歴史的な出来事に対して誠実さを保ち続けようと試みることができた。もしくは、現実へのこの介入に対する、この充電に対する、この活力に対する誠実さを。私の空想的小説によって、私はこの躍動を、この活力を、この精神を生かし続けようと努めてきた。それがもっとも重要なことだと信じているからである。」

時代の気分が消え去ろうと、文学のレベルではカルヴィーノはこの構想に固執した。その理由からも、彼は、肉体のない騎士、フード付きマントを着た半分人間、騎士の甲冑を付けた好戦的な女、戦争に飽きた将軍、人生をしかめっ面で送る男、のようなグロテスクな人物を好んだ。特に偏愛するのは、イタリア文学のもっとも著名な紡ぎ手たちのひとり、アリオストの『狂えるオルランド』である。これも『イタリア民話集』同様に翻案し、比較的年長の読者のために短縮してアレンジした。カルヴィーノにとって、書くことは選ばれたもの意思表示であるだけでなく、教育的な要素も宿したものでもある。それは教え込まされるものとは正反対のものを目指すものなのだ。

エイナウディ社は六〇年代に徐々に全イタリア出版界のモデルとしての性格を帯び、この作家兼原稿審査係を誇りで満たした。それでも、彼は若い層の社員からは端っこに追いやられていると感じていた。原稿にまだ最終決定が下されていないので、彼がまだ著者に希望をつながせておかなければならないとき、そうした新しい慣例の数々に対してある種の不満の所在が明らかに感じ取られた。「問題は、私の発言のすべてがこのところ若い連中の声高の異議とからかいの対象になっていることである」と、一九六四年五月五日には述べられている。「反感からでも、内容的な対立に基づいてのことでもない。そうではなくて、単に抑えの利かない若い反抗精神から、である。それに、私の側の影響力のまったくの欠如（これは、認めざるを得ない）が原因となって、である。さらには、小説とは何かという、こうした副次的なことに対して社の大部分が通例、無頓着であることが原因でもある。」新たな政治化への動きが始まる。一九六八年の先触れでもあった。カルヴィーノの生活は、さらに〈他者たちの本〉の周りをまわり続けた。この時期に彼が親しくしていた作家への手紙は、真に文献学的な研究と言えるものである。彼は、精確で、厳密だ。筋立てであれ、人物造形であれ、型にはまった言葉の技巧であれ、彼の目を逃れるものは何もない。プリモ・レーヴィに第一級の着想を認めはするが、不安定な筆致やわずかに「様式化された人物」を見分け、その直後にこう確認する。「君の物語が僕の気に入る理由は、それらが共通の文明を前提としているからかもしれない。それは、イタリア文学の多くの作家たちに前提として役立つものとは明らかに違うものだ。」アンナ・マリア・オルテーゼには、彼女の散文を鈍重にしている晦渋な統語法を指摘し、同時に、言葉の創意と抒情的形象を称賛して、秘密めかしたものに入れ込み過ぎないように気をつけなくては、と付言している。シャッシャの「死せる判事たちは語らない」の草稿には大満足と期待を保証する一方で、滑稽味の過剰を警告している。手紙は、著者にひとつ、ふたつのことをもう一度よく考えるように促し鼓舞し寄り添う読書行為なのである。彼の原稿審査の仕事は、書くことそのものと同様に高度の技術だ。イタロ・カルヴィーノが五〇年代と六〇年代の間のイタリア文学の全景にどれほど強く刻印を与えたがわかる。それでも彼が道を敷きそこなった作家たちもいる。オリヴェッティ社の支配人パオロ・ヴォルポーニは、産業労働世界における疎外された状況を描いた何冊かの小説で成功した作家だが、カルヴィーノの見立ての誤りのせいで、最初の本を出せるまで何年か待たなければならなかった。パゾリーニが後年にならなければエイナウディ社から本を出せなかったことにも、同様にカルヴィーノに責任があった。イデオロギーの違いから締め出された銘柄もあった。ニーチェは、まずはアデルフィ社で出版されたのである。一九六二年にルチアーノ・フォアによって設立され、エイナウディ社から分離した社のひとつであり、やがてそれまで本が出せなかった多くの作家たちの格好の拠り所となる。そもそもトリノの社は一種の地下茎になっていた。富豪の息子ジャンジャコモ・フェルトリネッリはエイナウディ社に臨時に籍を置いていたが、一九五五年に自身の会社を立ち上げ、大成功を収めた。アデルフィ社の他にも、ボリンギエーリ社、バルディーニ&カストルディ社、ボッラーティ・ボリンギエーリ社、それにドンツェッリ社はかつてのエイナウディ社の原稿審査係たちが創設した出版社である。

六〇年代半ばになって、カルヴィーノの重心の位置はずれる。彼は、出版社の仕事で燃え尽きたと感じていた。政治的にも幾分変化があった。この間、偉大なキリスト教民主主義者の戦略家アルド・モーロが〈平行収斂〉の構想を政治日程に載せていた。収斂する平行線という幾何学的にありそうもない現象を表す言葉である。モーロはこれを一九六一年にはじめて新たな政治スタイルと讃えて、この構想の下で社会主義者を政権に参加させることを目指し、一九六三年の選挙後には実現をみた。資本主義の近代化が標榜されたが、その大半は実現されなかった。第一次モーロ内閣は、半年だけ政権にとどまったにすぎなかった。またしても〈トラスフォルミズモ〔妥協工作〕〉という昔ながらの手法が作動し、それで折り合いが図られた。一九六八年まで、モーロのもとでさらに二度の中道左派内閣が存在した。社会主義者は各省や国家諸組織、大学や国営放送局RAIで権力の一部を主張して譲らなかった。国は麻痺し、キリスト教民主党は党内左右の主導権争いで分裂し、蜂起計画のうわさが広まる。そして、文化の重みはこの複雑さを増す状況を前にして消滅するかに見えた。カルヴィーノは、長いこと社でもっとも畏怖されたもて男であったが、小家族の中への退却を開始した。一九六四年二月、彼はキューバに向かう。社には、「僕が結婚したと、友人たちに伝えてくれ」と電報が届いた。花嫁とはすでに二年前から知り合っていた。アルゼンチン人のエスター・ユーディット・シンガーで、キキタの愛称で呼ばれ、ユネスコに在職する翻訳家だった。「僕はこれまでの人生でとても強い女性たちと知り合いになってきた。僕は傍らに女性がいなければけっして生きてはいけないだろう。そうでなければ、ふたつでひとつの頭の片割れ、ふたつでひとつの性の片割れにすぎない。性は、何といっても両方揃ってこそ真の思考する生物学的有機体なのだから。」夫妻は最初はローマに、一九六七年には小さい娘を連れてパリに移住し、一三年後に再びローマに戻るまでそこに住んだ。エイナウディ社とはコンサルタント契約を結んだが、水曜会議のために毎週トリノに姿を現し、引き続き何人かの作家たちを担当した。彼は六〇年代の始めからもっとも著名なイタリア人作家のひとりだったが、懐疑と疲労が心を占めていた。社会のみならず文化も、カルヴィーノには硬直して、生気を失っているように見えた。その反動で、彼はますます深く理論的な問題提起に没頭した。パリではフランス前衛の唱道者クノーと友情を結び、エイナウディ社のために彼の著作の翻訳をした。また、彼を通してウリポのメンバーと接触を持った。〈エコール・プラティック・デ・ゾート・ゼチュード〉のロラン・バルトのゼミナールをも訪れ、フランシス・ポンジュを見出し、彼の著作の翻訳もした。それでも、彼はフランスの首都ではむしろ孤立し続けた。学生運動すら、震央にありながらも、彼を動かすことはなかった。今や、かろうじて記号論やシンボル機能や語りのプロセスが関心の対象であった。同時に、彼はメルヘンや道化芝居への偏愛を保ち続け、一定の空間・時間調整の内部を動き回り、その知験が虚構の仕掛けの一部をなす叙事的一人称の必然性を繰り返し強調した。これを背景にして、一九七二年に繊細な透かし細工のような散文作品『見えない都市』が生まれる。マルコ・ポーロの『東方見聞録』の一風変わったリメイクで、美しくも、とっつきにくい作品だ。

しかし、この時期の彼の散文がどれほど結晶のようで余韻を残すものであろうと、カルヴィーノは危機に陥っていた。友人のピエトロ・チターティには、一九七二年にサン・レモから次のような手紙を寄せている。「僕は、臆病になった。私生活に引きこもれば引きこもるほど、小さな問題がみな巨大なものに思えてくる。そして、私生活の外では、毎朝、新聞を読むだけで、僕の臆病さを養うには充分だ。威嚇的で目もくらむばかりの世界の写真まである。こんな心身状態でいる限り、執筆なんてできやしない。考えることさえも、だ。娘のジョヴァンナがいてくれるのが、幸いだ。彼女は〈病気になるんじゃないかと、ごくわずかな徴候にも絶えず不安でいるのを除けば）僕の生活で喜びだけを与え、何の不快も与えない唯一の女性だ。だから、この手紙は一部だけ沈鬱でも、他のところはこんなに陽気なんだ、君たちの最愛のイタロの人生のように。」

イタロ・カルヴィーノは、意識の上では文学への復帰を決意していた。しかし、一九八五年の脳卒中による急死前の数年間、彼はますます強く言葉への懐疑と自分の芸術的営為への不信に苛まれた。「結局のところ、言葉それ自体をその曖昧な性格ゆえに嫌悪しているのです」と、あるインタビューで告白している。「口を突いて出るのは、生煮えのもの、形をなさないものです。それに対する吐き気が絶えません。常にわずかに不快なものが残る言葉から、書くことで正確なものや的確なものを生み出す試みは、生涯にわたる課題でしょう。言葉の消耗を共にするなら、言葉がますます表面的で、ますます乏しいものになっていく社会に生きているならば、とりわけそうです。杜撰になったり、抽象的になったりする言葉と関わり合うとしたら、常に粘つくあれやこれやの知性偏重の言葉と関わり合うとしたら、生の正当性を証明するためには、到達しがたいものへの、正確な言葉への渇望が必要なのです。」

言葉の消耗と文化の喪失に対して、エイナウディ社はカルヴィーノの死の直前まで防波堤をなしていた。しかし、それは八〇年代に終わりを告げた。出版社には周期があり、開花期の後には、枯死期が続く。エイナウディ社の展開は、今日よろめきながら自己のアイデンティティを求めているイタリア左翼全体の衰退の寓話としても理解しておこう。ベルルスコーニのどぎつく、華々しくも卑俗なテレビ・イタリアの中で、文字は意味を失った。エイナウディ出版社は、今なおすぐれた文学作品出版の代名詞であり、在庫書籍の目録は見るからに印象深いが、創設以来、支配的権力への対抗議論に大きな活動の場を提供してきた。ルイージ・エイナウディは、一九四三年、息子ジュリオ・エイナウディを「自分を群れから区別した」ことで褒め、プリモ・レーヴィは四〇年後に「倫理的な姿勢」の中にこの社の傑出した特質を見た。よりにもよってこの伝統を持つ出版社が二〇〇九年の春に、文化的蛮行を嘆き、首相のシルヴィオ・ベルルスコーニを激しく非難した二冊の本の出版を拒否したことには、考え込ませるものがある。ノーベル文学賞受賞者で、長年にわたるエイナウディ作家のジョセ・サラマーゴの最新エッセイ集は、ベルルスコーニの肉体との付き合い（彼のボディー・ポリティックとの付き合いのメタファーになっている）を扱ったマルコ・ベルポリティの研究書『指導者《カポ》の肉体《コルポ》』同様、わずかな部数しか出版されなかった。

エピローグ

一九三二年の春、チェーザレ・パヴェーゼとレオーネ・ギンツブルクが隣り合ってサント・ステファノ・ベルボの丘の上の低い石垣に腰かけていたとき、自分たちの理念がどんなに大きな影響力をもつことになるかほとんど予感してはいなかっただろう。ファシズムの真っ盛りの中で、彼らは書物の仕事をする決断をした。未来にかける決断をしたのだ。彼らの出版社は、文学的、知的、政治的文化の土台となった。レオーネ・ギンツブルク、ジャイーメ・ピントール、ノルベルト・ボッビオが繰り返しリソルジメントに言及していたのは、偶然ではない。実際に、自分たちの国の文化的再生を必然と見なしていたのだ。彼ら相互の友情は、確かにその関係は混乱したものではあったが、ひとつの力の中心をなし、新たな思想の培養土となった。まさにナタリア・ギンツブルクが手紙で述べている通りに、書くこと、生きること、話すことが一体であることが彼らの仕事の前提となった。その際に問題なのは、とりわけ批評、すなわち民主主義の生命の霊液であった。「戦争が私たちにもたらした唯一のよいこと、それはもう嘘をつかなくてもよいことであり、他人の嘘を我慢しなくてもよいことだ。」数千ページに及ぶ業務書簡、査定書、水曜会議の議事録は、どれほど多くの内容が中心課題となり、どれほど頻繁にその内容について激しく論議されたかを感銘深く証明している。今日、文学的営為をしばしば規定している外的な事情は、何の役割も演じなかった。給与も重要ではなかった。エイナウディ社は、民主主義的公共圏のひとつの模範となった。ジュリオ・エイナウディ自身、五〇年代の始めには社の主調をなす「進歩的民主主義」を口にしていた。そして、その点では――運営の仕方の実際に反して――まったく正しかったのだ。戦後のイタリアは、エイナウディが存在しなかったら違った様相を呈していたことだろう。エイナウディ社の協力者たちは、エリートであり、解放された考えの持ち主だった。今日でも、あの時代の覚醒の気分は、変革への意欲は感じ取ることができる。エイナウディ社の歴史は、希望に満ちた時代の歴史なのだ。というのも、エイナウディ社は生きたユートピアであったし、ユートピアであり続けていたからである。ビアンカマーノ街の遺産は、引き出し可能な蓄えだ。ピエロ・ゴベッティ、アントニオ・グラムシ、レオーネ・ギンツブルク、チェーザレ・パヴェーゼ、ナタリア・ギンツブルク、それにイタロ・カルヴィーノは、彼らの放つ魅力的な力の何ひとつも失っていない。〈精神は、もっとも過酷な事態にも打ち克つ《スピリトゥス・ドゥリッシマ・コクイト》〉。

謝辞

パオラ・アルバレッラ、ジュリア・アンゲリーニ、ヘルムート・ベッティンガー、ロベルト・チェラーティ、カルミーネ・ドンツェッリ、レナータ・エイナウディ、エルネスト・フェッレーノ、カルロ・ギンツブルク、マグダ・オリヴェッティの各位に。そして、故人のチェーザレ・カーゼスとフェルナンダ・ピヴァーノに。

Agosti, Paola e Revelli, Marco, *Bobbio e il suo tempo*. Aragno editore, Torino 2009

Baranelli, Luca e Ferrero, Ernesto, *Album Calvino*. Mondadori, Milano 1995

Calvino, Italo, *I libri degli altri. Lettere 1947-1981*. A cura di Giovanni Tesio. Einaudi, Torino 1999

Calvino, Italo, *Lettere (1940-1985)*. A cura di Luca Baranelli. Mondadori, Milano 2000

Calvino, Italo, *Romanzi e racconti*. 3 vol. A cura di Mario Barenghi e Bruno Falcetti, Mondadori, Milano 2003

Calvino, Italo, *Ich bedaure, dass wir uns nicht kennen. Briefe 1941-1985*. Ausgewählt und kommentiert von Franziska Meier. Aus dem Italienischen von Barbara Kleiner. Carl Hanser Verlag, München 2007

Cases, Cesare, *Confessioni di un ottuagenario*. Donzelli, Roma 2000

Castronovo, Valerio, *Giovanni Agnelli*. Einaudi, Torino 1977

Cinquant'anni di un editore. Catalogo 1933-1983. Einaudi, Torino 1983

Crainz, Guido, *Il paese mancato. Dal miracolo economico agli anni ottanta*. Donzelli, Roma 2003

De Felice, Renzo, *Mussolini*. 8 vol. Einaudi, Torino 1965-1997

De Felice, Renzo, *Storia degli ebrei italiani sotto il fascismo*. Nuova ed. ampliata. Einaudi, Torino 1993

de Grazia, Victoria, *The Culture of Consent. Mass Organization of Leisure in Fascist Italy*. Cambridge University Press, New York 1981

de Grazia, Victoria, *Le donne nel regime fascista*. Marsilio, Venezia 1993

de Grazia, Victoria, Sergio Luzzatto (a cura di), *Dizionario del fascismo*. 2 vol. Einaudi, Torino 2002

De Mauro, Tullio, *Storia linguistica dell'Italia unita*. Laterza, Bari 1991

D'Orsi, Angelo, *La cultura a Torino tra le due guerre*. Einaudi, Torino 2000

D'Orsi, Angelo, *Intellettuali nel Novecento italiano*. Einaudi, Torino 2001

Einaudi, Giulio, *Frammenti di memoria*. Nottetempo, Roma 2009

Ferrero, Ernesto, *I migliori anni della nostra vita*. Feltrinelli, Milano 2005

Ginzburg, Leone, *Scritti*. Einaudi, Torino 1964

Ginzburg, Natalia, *Familienlexikon*. Aus dem Italienischen von Alice Vollenweider. Wagenbach Verlag Berlin 1993

Ginzburg, Natalia, *Die kleinen Tugenden*. Aus dem Italienischen von Maja Pflug und Alice Vollenweider. Wagenbach Verlag, Berlin 1989

Hausmann, Friederike, *Kleine Geschichte Italiens von 1945 bis Berlusconi*. Wagenbach Verlag, Berlin 2002

Mangoni, Luisa, *Pensare i libri. La casa editrice Einaudi dagli anni trenta agli anni sessanta*. Bollati Boringhieri, Torino 1999

Pavese, Cesare, *Poesie*. Einaudi, Torino 1962

Pavese, Cesare, *Lettere 1924-1944*. A cura di Lorenzo Mondo. Einaudi, Torino 1966

Pavese, Cesare, *Lettere 1945-1950*. A cura di Italo Calvino. Einaudi, Torino 1977

Pavese, Cesare, *Schriften zur Literatur*. Aus dem Italienischen von Erna und Erwin Koppen. Claassen Verlag, Hamburg 1967

Pavese, Cesare, *Hunger nach Einsamkeit. Sämtliche Gedichte*. Aus dem Italienischen von Dagmar Leupold, Michael Krüger, Urs Oberlin, Lea Ritter-Santini, Christoph Meckel. Claassen Verlag, Düsseldorf 1988

Pavese, Cesare, *Das Handwerk des Lebens. Tagebuch 1935-50*. Aus dem Italienischen von Maja Pflug. Claassen Verlag, Düsseldorf 1988

Pavese, Cesare, *Der schöne Sommer*. Aus dem Italienischen von Maja Pflug. Claassen Verlag, Düsseldorf 1988

Pavese, Cesare, *Vita attraverso le lettere*. A cura di Lorenzo Mondo. Einaudi, Torino 2004

Pavese, Cesare, *Il mestiere di vivere*. Ed. condotta sull'autografo, a cura di Marziano Guglielminetti e Laura Nay. Einaudi, Torino 2000

Pavese, Cesare, *Die einsamen Frauen*. Aus dem Italienischen von Maja Pflug. Claassen Verlag, Berlin 2008

Pavese, Cesare, *Il serpente e la colomba*. Scritti e soggetti cinematografici. Einaudi, Torino 2009

Pavese, Cesare, *Officina Einaudi. Lettere editoriali 1940-1950*. Einaudi, Torino 2008

Pflug, Maja, *Natalia Ginzburg*. Wagenbach Verlag, Berlin 1995

Pflug, Maja, ›*Es fallt schwer, von sich zu sprechen, aber es ist schön*‹. *Natalia Ginzburgs Leben in Selbstzeugnissen*. Aus dem Italienischen von Maja Pflug. Wagenbach Verlag, Berlin 2001

Tranfaglia, Nicola (a cura di), *L'itinerario di Leone Ginzburg*. Bollati Boringhieri, Torino 1996

本書で言及された作品のうち邦訳のあるもの（複数の邦訳がある作品に関しては、現在入手可能なものに限った）

イタロ・カルヴィーノ

『くもの巣の小道』米川良夫訳（筑摩書房、二〇〇六）

『まっぷたつの子爵』河島英昭訳（岩波書店、二〇一七）

『木のぼり男爵』米川良夫訳（白水社、二〇一八）

『不在の騎士』米川良夫訳（白水社、二〇一七）

『見えない都市』米川良夫訳（河出書房新社、二〇〇三）

『イタリア民話集』河島英昭編訳（岩波書店、上・一九八四、下・一九八五）

ナタリア・ギンツブルク
『町へゆく道』望月紀子訳（未知谷、二〇一六）
『夜の声』望月紀子訳（未知谷、二〇一六）
『ある家族の会話』須賀敦子訳（白水社、一九九七）
『小さな徳』白崎容子訳（河出書房新社、二〇一八）

チェーザレ・パヴェーゼ
『美しい夏』河島英昭訳（『パヴェーゼ文学集成二』所収、岩波書店、二〇一〇）
『孤独な女たちと』河島英昭訳（『パヴェーゼ文学集成二』所収、岩波書店、二〇一〇）
『故郷』河島英昭訳（『パヴェーゼ文学集成三』所収、岩波書店、二〇〇八）
『詩文集』河島英昭訳（『パヴェーゼ文学集成六』所収、岩波書店、二〇〇九）

カルロ・レーヴィ
『キリストはエボリで止まった』竹山博英訳（岩波書店、二〇一六）

プリモ・レーヴィ
『改訂完全版　アウシュヴィッツは終わらない　これが人間か』竹山博英訳（朝日新聞出版、二〇一七）

略年表

イタリア史に関しては、エイナウディ社の活動といわば表裏一体のファシズム関連の出来事を中心に記載した。各作家の著作は、特に本書の記述に関連したものに限った。

西暦（年）	イタリア史	エイナウディ社関連史
1899	7月　フィアト社設立	
1900	7月　国王ウンベルト1世、アナーキストにより暗殺	
1903	1月　ベネデット・クローチェ主宰の『批評』誌創刊	
1908	12月　メッシーナ大地震	**チェーザレ・パヴェーゼ**誕生（9月9日）
1909	3月　マリネッティ、パリの『フィガロ』誌で未来派宣言	**レオーネ・ギンツブルク**誕生（4月4日）
1911	4月　トリノ、フィレンツェ、ローマの三都市で万国博覧会	
1912	6月　新選挙法公布：11月　イタリア労働組合連合結成	**ジュリオ・エイナウディ**誕生（1月2日）
1914	7月　**第一次世界大戦勃発**：11月　ベニート・ムッソリーニの『イタリア人民』紙創刊：12月　「革命行動ファッシ」結成	
1915	4月　ロンドン秘密条約締結：5月　参戦派のデモ激化：同月　オーストリアに宣戦布告：8月　トルコに宣戦布告	
1916	8月　ドイツに宣戦布告	**ナタリア・ギンツブルク**誕生（7月14日）
1917	10月　カポレットの戦いで多大な損失：（ロシア、10月革命）	
1918	11月　オーストリアと休戦協定：同月　ドイツと休戦協定	
1919	1月　パリ講和会議開会（4月　ボイコット）：3月　「**戦闘ファッシ」結成**：5月　**サン・セポルクロ広場の集会・ファシスト運動の公的始まり**：同月　アントニオ・グラムシ編集主幹の『新しい秩序』誌創刊：9月　ガブリエレ・ダヌンツィオ、フィウーメ占領：ビエンニオ・ロッソ（赤い二年間）始まりの年	

1920	3月　トリノ労働争議（1か月におよぶ）：12月　イタリア軍、フィウーメ占領者を排除（血のクリスマス）	
1921	1月　イタリア共産党結成：5月　総選挙（ファシスト35名を含んだ「国民ブロック」が275／535議席獲得）：11月　戦闘ファッシを国民ファシスト党に改組	
1922	2月　ピエロ・ゴベッティ主宰の『自由主義革命』誌創刊：10月　ローマ進軍：同月　**ムッソリーニ内閣成立**	
1923	**フィアト社リンゴット工場竣工式**	**イタロ・カルヴィーノ**誕生（10月15日）：アウグスト・モンティ、マッシモ・ダゼリオ高校着任：パヴェーゼ、同校入学 （ダゼリオ高校に着任した教師モンティは、すでにファシズム的教育が浸透しつつあったこの時期にそれとは無縁な独自の授業法を展開し、早熟な生徒たちのそれぞれの個性に合った自己形成を促した。この時期には、ギンツブルクやパヴェーゼの他にノルベルト・ボッビオ、マッシモ・ミラ、ヴィットリオ・フォアらが在籍していた。後のエイナウディ出版社創設の素地はこのときに形成されたと見ることができるが、当初、ギンツブルクとパヴェーゼはグループを別にしており、さらに最年少のエイナウディも修道会のような雰囲気のそうしたグループとは交流はあったものの、一員ということはなかった。）
1924	2月　共産党機関紙『ウニタ』創刊：4月　総選挙でファシストは3分の2の議席を獲得：6月　統一社会党書記長マッテオッティ、ファシストに拉致・殺害	
1925	1月　**ムッソリーニの力による支配宣言、ファシズム体制の完成**：4月　ジェンティーレの「ファシスト知識人の宣言」発表：5月　クローチェ起草の「反ファシズム知識人の反対声明」発表：同月　〈ドポラヴォーロ〉事業団設立：12月　政府首長大権法公布：同月　出版規制法施行	
1926	1月　イタリア・アカデミー設立：2月　亡命地パリでゴベッティ没：11月　グラムシ逮捕：12月　ファシストカレンダー導入	パヴェーゼ、ダゼリオ高校卒業、トリノ大学文学部進学
1928	12月ファシズム大評議会を国家最高機関に格上げ	ギンツブルク、トルストイの『アンナ・カレーニナ』全訳出版
1929	2月　ラテラーノ協定締結：7月　パリで〈正義と自由〉結成	パヴェーゼ、ファシスト党員登録
1930	（シンクレア・ルイス、ノーベル文学賞受賞）	パヴェーゼ、ホイットマン論文で学業終了、アメリカ文学の翻訳を開始

1931	8月　**大学教員にファシズム体制への忠誠署名を義務化**	ギンツブルク、モーパッサン論文で学業終了、パリで〈正義と自由〉と接触
1932	8月　第一回ヴェネツィア国際映画芸術祭開催：10月　フィアット国民車〈バリッラ〉市場登場	ギンツブルク、ロシア文学教授資格取得（翌年からプーシキン講義開始）：モンティ、教職を失職
1933	5月　ファシスト党員証の所有を公務員試験の資格化	**エイナウディ出版社**設立（商業登記　11月15日）
1934	8月　共産党と社会党の行動統一協定	ジュリオ・エウナウディの新生『文化』誌創刊（35年4月終刊）：ギンツブルク、講師にも義務になっていたムッソリーニへの誓約を拒否し、大学でのキャリアを断念：OVRAによる最初の手入れ、シモン・アマール・セグレ投獄：ギンツブルク、抵抗グループ首謀者として逮捕・投獄：ジーノ・レーヴィ、ジュゼッペ・レーヴィ、アウグスト・モンティも収監
1935	10月　エチオピア侵略開始：同月　国際連盟、イタリアへの経済制裁を決定	パヴェーゼ、『文化』誌の運営を単独で継承：OVRAによる二度目の大規模捜査、エイナウディ社関係者大量逮捕：『批評』誌発禁：カルロ・レーヴィ、バシリカータに流刑：パヴェーゼ、ブランカレオーネに流刑
1936	3月　ヴィットリオ・エマヌエーレ3世、エチオピア皇帝即位：同月　特赦公布	ギンツブルク釈放、翌年まで警察の監視下に：パヴェーゼ、請願書が受理されトリノへ帰還：『歴史文化叢書』刊行開始（以後、「エッセイ」「古典作家」「外国作家」等のシリーズものの刊行が続く）：パヴェーゼの処女詩集『働き疲れて』出版、流刑先で受け取る
1937	3月　国家公務員へのファシスト党入党を義務化：4月　チネチッタ開所式：同月　グラムシ没：11月　日独防共協定に加盟：12月　国際連盟脱退	この年から翌年にかけてパヴェーゼは、英米文学の翻訳に集中的に従事、出版
1938	9月　**〈人種保護法〉**発効	レオーネ・ギンツブルク、ナタリア・レーヴィと結婚：パヴェーゼ、編集顧問となりエイナウディとともに社の代表に

1939	5月　フィアト社ミラフィオーリ新工場開所式：9月　**ドイツのポーランド侵攻、第二次世界大戦始まる**	
1940	6月　フランス（同月中に休戦協定）とイギリスに宣戦布告：9月　エジプト侵入開始：同月　日独伊三国同盟締結：10月　ギリシア侵入開始	ギンツブルク、家族とともにピッツォーリに流刑（3年間）
1941	6月　ロシア進駐	パヴェーゼのデビュー作『故郷』出版（脱稿は39年）：カルロ・ムシェッタ、〈万人のための叢書〉事業計画のため編集顧問として加入：ローマ支社開設（マリオ・アリカータ、カルロ・ムシェッタ、ジャイーメ・ピントール）：イタロ・カルヴィーノ、サン・レモからトリノへ移住し農学部に登録
1942	6月　反ファシズム政党〈行動党〉結成：10月　キリスト教民主党結成	ナタリアの最初の小説『町への道』、アレッサンドラ・トルニンパルテの偽名で出版
1943	3月　トリノで労働者ストライキ：7月　**ムッソリーニ失脚**　9月　ドイツ落下傘部隊、ムッソリーニを救出：同月　**傀儡政権イタリア社会共和国（通称　サロ共和国）建国を宣言**：同月　バドリオ政権、休戦協定を公表：内戦の20か月始まる	パヴェーゼ、ローマ支社に：レオーネ・ギンツブルク、ローマで行動党の地下新聞『自由イタリア』を共同編集：レオーネ、再逮捕・投獄。ピントール、前線で地雷を踏んで死亡（12月1日）：カルヴィーノ、〈ガリバルディ旅団〉の第二師団に合流：フェルナンダ・ピヴァーノ訳の『スプーン・リヴァー』詞華集出版
1944	2月　連合軍、南イタリア施政権を変換：4月　ジェンティーレ暗殺：6月　連合軍、ローマ解放：同月　イタリア労働総連合結成：8月　レジスタンス勢力、フィレンツェ解放	レオーネ、拷問のすえ死亡（2月5日）：ジュリオ・エイナウディとレナータ・アンドゥロヴァンディ、アオスタ峡谷の〈ガリバルディ旅団〉に合流：解放後のローマに新支社設立：カルヴィーノ、逮捕・投獄（翌日、脱獄）
1945	4月　ミラノ解放：パッリ政権成立（11月　総辞職）：12月：デ・ガスペリ第一次政権成立：ムッソリーニ、人民裁判の結果処刑	エイナウディ社のトリノ本社、活動再開：パヴェーゼ、公式にも出版計画主任に：ナタリア・ギンツブルク、原稿審査係に：イタロ・カルヴィーノ、エイナウディ社の協力者に：カルロ・レーヴィの『キリストはエボリで止まった』出版：ロベルト・

		チェラーティ、エイナウディ社加入：エリオ・ヴィットリーニ、エイナウディ社加入：ヴィットリーニ編『ポリテクニコ』誌創刊：社の所在地をめぐる対立がもちあがる：カルヴィーノ、トリノ大学の文学部に移籍
1946	6月　法務大臣トリアッティの下で通報処分のファシストに大規模な特赦公布：7月　第二次デ・ガスペリ内閣組閣：パリで講和会議開始	ノルベルト・ボッビオ、エイナウディ社加入：パヴェーゼ、トリノ本社に戻る：ナタリア、カルヴィーノと出会う：パヴェーゼ責任担当の『アンソロジー・エイナウディ1948』出版
1947	2月：講和条約調印：第三次デ・ガスペリ政権総辞職：第四次デ・ガスペリ政権成立：イタリア経済の奇跡の復興の始まり	カルヴィーノ、ジョゼフ・コンラッド論で学業終了：カルヴィーノのデビュー作『くもの巣の小道』出版：プリモ・レーヴィ『これが人間か』出版：アントニオ・グラムシ『獄中書簡』出版：パヴェーゼ、自死の直前まで開いていた『レウコとの対話』脱稿
1948	1月　イタリア共和国憲法施行：4月　第一回総選挙：5月　初代大統領にルイージ・エイナウディ（ジュリオの父）：第五次デ・ガスペリ政権成立：7月　労働総同盟、ゼネストを宣言	グラムシの『獄中ノート』出版開始（51年完結）：パヴェーゼ企画の宗教学的・民俗学的〈菫色シリーズ〉刊行開始
1949	4月　NATO加盟調印：5月　〈スペルガの悲劇〉：10月　南部で小作農や農業労働者の運動拡大	パヴェーゼのトリノ三部作『美しい夏』出版：カルヴィーノ、原稿審査係として本格的にエイナウディ社での活動を開始：
1950	3月　労働総同盟分裂、社会主義系のイタリア労働連動設立：4月　カトリック系のイタリア勤労者組合同盟創設	パヴェーゼ『孤独な女たちと』でストレーガ賞受賞：パヴェーゼ自死（8月27日）：ナタリア・ギンツブルク、ガブリエレ・バルディーニと再婚：フェリーチェ・バルボの離脱を機に、社の世代交代が表面化
1951	3月　再軍備法、下院で可決	チェーザレ・カーゼス、ジュリオ・エイナウディと出会い、ミラノのエイナウディ書店で働くことを勧められる
1952	6月　ファシスト党再建を禁じる法公布	カルヴィーノ編パヴェーゼの『日記』出版：ナタリア、夫のローマ赴任に伴いローマに転居、ローマ支社で原稿審査係に：カルヴィーノ、『まっぷたつの子爵』出版

1954	1月　国営テレビRAI、放送開始	
1955	12月　国際連合加盟承認	
1956	（10月　ハンガリー動乱勃発）	
1957	フィアット社、大衆車の〈チンクエチェント（500）〉を発表	カルヴィーノ、イタリア共産党離党：カルヴィーノ、『木登り男爵』『イタリア民話集』出版
1959	5月　イギリス紙、イタリアの経済成長を「経済の奇跡」と表現	ナタリア、夫のイタリア文化会館長赴任に伴いロンドンへ移住：この地でナタリアの出世作『夜の声』誕生（出版は61年）：カルヴィーノ、『不在の騎士』出版
1960	2月　フェリーニの『甘い生活』公開	
1963	12月　本格的中道政権第一次モーロ内閣成立	ナタリア・ギンツブルク『ある家族の会話』出版（ストレーガ賞受賞）
1964	8月　共産党書記長トリアッティ、保養先で死亡	カルヴィーノ、結婚してキューバへ移住
1966	10月　社会党と社会民主党が合併、統一社会党結成	ナタリア息子カルロの『ベナンダンティ』（ミクロストリアの萌芽）出版
1967	5月　文相グーイの大学改革案に反対して各地で大占拠	カルヴィーノ、パリへ移住（以後13年とどまる）
1969	2月　社会民主派、統一社会党から離党：12月　ミラノ中心街の銀行で極右グループによる爆弾が破裂	ガブリエーレ・バルディーニ没
1972	2月　キリスト教民主党単独の第一次アンドレオッティ内閣成立：出版社主フェルトリネッリ、ミラノ近郊の高圧線鉄塔化で遺体で発見：12月　良心的兵役忌避を認める法が制定	カルヴィーノの『見えない都市』（マルコ・ポーロ『東方見聞録』の独創的リメイク）出版
1976	1月　日刊紙『ラ・レップブリカ』創刊：総選挙で共産党が進出し、社会党退潮：キリスト教民主党単独第三次アンドレオッティ内閣成立	カルロ・ギンツブルク、ミクロストリアの代表作『チーズとうじ虫』出版
1978	3月　赤い旅団によるモーロ誘拐事件（5月に遺体で発見）	ジュリオ・エイナウディ、ジュリオ・ボッラーティと決別

1983	8月　社会党クラクシ首班の5党連立内閣成立	エイナウディ社存続50年カタログ出版：ローマ銀行、信用貸しを中止：ジュリオ・エイナウディに休職命令：更生管財人による業務の引継ぎ：ナタリア・ギンツブルク下院議員（無所属）に
1985	ヨーロッパ経済共同体通貨委員会、リラの6％引き下げと他国通貨の2％引き上げを実施	イタロ・カルヴィーノ没（9月19日）
1987	6月　総選挙で社会党躍進	**エウナウディ社、売却**：ナタリア・ギンツブルク再選
1991	2月　北部同盟結成の第一回大会開催	ナタリア・ギンツブルク没（10月7日）
1994	1月　シルヴィオ・ベルルスコーニ、政党「フォルツァ・イタリア」結成：5月　第一次ベルルスコーニ政権成立（95年1月まで）	モンダドーリ社の傘下、ベルルスコーニのメディア帝国の一部に
1999	12月　フォルツァ・イタリア、欧州人民党加入承認	ジュリオ・エイナウディ没（4月5日）

訳者あとがき

本書（Maike Albath, *Der Geist von Turin: Pavese, Ginzburg, Einaudi und die Wiedergeburt Italiens nach 1943*. Berlin 2010の全訳）は、ファシズム台頭期から第一次ベルルスコーニ政権の時代に到るまでの、ひとつの出版社を軸とした対抗文化の展開とその担い手たちの物語である。邦題は、原著のタイトルの通り「トリノの精神」とし、サブタイトルの「パヴェーゼ、ギンツブルク、エイナウディと一九四三年以降のイタリアの再生」のみ「現代イタリアの出版文化を築いた人々」にしてある。

「トリノの精神」とは何か、それ以前にトリノとはどのような都市なのか。イタリアと言えば、ローマ、ミラノ、フィレンツェ、ヴェネチア……と即座に幾つかの都市が思い浮かぶ私たち日本人にも、トリノと聞いて具体的なイメージを呼び出せる人は少ないだろう。事情はアルプスを挟んだ隣国でも似たようなもので、著者はドイツ人読者に向けて本書の序を「トリノとは」という問いで書き起こしている。イメージの不確かさは、先に挙げた諸都市がどちらかと言えば視覚的・有形的文化と結びついて記憶されているとしたら、トリノにはそれが乏しい（？）せいかもしれない。それゆえ、本書のタイトルにある通り、トリノは「精神」の側面から語られるべき都市なのかもしれない。もちろん、それには精神と結びついた「行為」が外せない問題だとしても。

そのトリノは、西はフランス、北はスイスと境を接する北イタリア・ピエモンテ州のほぼ中央部に位置し、約六〇万の住民を抱えた州都である。一七二〇年から一八六一年にかけては、サルデーニャ王国の首都所在地であり、一八一五年から一八七一年にかけて各地で展開されたリソルジメント（イタリア統一運動）の中心地でもあった。リソルジメント精神は、二〇世紀においても、それを自由主義的解放運動と捉えるこの地の思想家・社会活動家を始めとする人々に受け継がれていた。一方また、イタリアに近代的資本主義化をもたらした自動車産業とそれに対峙する労働運動の都市でもあり、それぞれの自負がこの北イタリアの都市にとって固有の精神的下地をなしていた。そして、二〇世紀の前半にはファシズムがこの都市にも大きく影を落とし、リソルジメントの精神的末裔である本書の主要人物たちの生と活動に不可分な半身のように付きまとうことになるのである。

原書のサブタイトルに列挙された三人は、時を同じくしてトリノの同じ高校に在籍した。この書の中心人物である。三人が志を同じくして出版社を起こし、後発の小出版社ながらもイタリア文化に革新をもたらしたと書くといささか「神話」めいてくるが、当地の「名門高校」でこの三人が出会ったという事実は、社会的なバックグランドを持つ家庭の優秀な子弟がそこに進学する当地の事情を考えれば、それほどの偶然でもないだろう。ただ、この時期に着任した教師アウグスト・モンティとの出会いはその後を決定づける出来事だった。それぞれに早熟で優秀であっても、もしかしたらすれ違うに過ぎなかったかもしれない生徒たちを結びつけ、その後の生と活動を方向づけるには、この教師の存在が不可欠だったからである。彼もまたリソルジメントの精神の後裔のひとりである。本書の縦糸であるエイナウディ社の歴史を振り返るとき、「そもそもすべては、アウグスト・モンティとともに始まりました」というある人物の証言は、「神話」ではない。詳細は、本書の記述で確認して戴くとしよう。

本書は、この出版社の活動開始を「トリノの精神」を物語る起点としながら、その前段に彼らの生と活動の枠をなすイタリア史の長い叙述を配している。読者にとっては冗長で読み飛ばしたい箇所かもしれないが、このファシズムの歴史と現実は、逆説的な言い方をすれば、彼らの精神と活動の「培養土」でもあった。サブタイトルの最初に名前が挙げられているチェーザレ・パヴェーゼは、自分の志や本領とは別の事情でこの現実に翻弄された。後に現代イタリア文学を代表することになるこの小説家は、自身その意味を把握できないまま流刑地に送られるはめになる。そして、生来の鬱屈と矛盾に時代のスティグマを刻印されることで時代の病巣を浮き彫りにし、「トリノ三部作」を始めとする小説にそれを結実させた。著者が彼の死から語り始め、折に触れては自他の証言に多くのページを割いているのは、この作家にいわば時代を測る試験紙的な役割を求めているからであろう。また、目的意識の明確な社会変革者とは言えないこの作家が「トリノの精神」の一方の主役であるのは、自身の内側と向き合う中で発見し、翻訳・紹介に努めた「アメリカ」が、民族主義に自足するファシズムの中にあってイタリアの視野を外の同時代的現実へと拡大し、遠回りながらも息切れしない反ファシズムの視座を据えたことに大きな意義を認めているからだろう。

次に名の挙げられたレオーネ・ギンツブルクは、妻の小説家ナタリア・ギンツブルクや息子の歴史家カルロ・ギンツブルクと比べると、日本の読者にはなじみが少ないかもしれない。それは内に溢れる理念を著作に結実させる時間が残されていなかったせいで、当時の彼の存在感とは別の問題である。ユダヤ系ロシア人として生まれた彼は幼少時から早熟な才能と博識で頭角を現していたが、学業を終えるとすぐパリに渡り、カルロ・ロセッリを中心とした〈正義と自由〉の亡命イタリア人活動家グループと接触して、トリノの反ファシスト・グループの中心人物と目されていく。ユダヤ出自は、内からも外からも終生彼を離れない。シオニズムとは距離をとってイタリアに固執させたのが彼なりのユダヤ人意識だとしたら、外から追い立てたのは一九三八年に成立した〈人種法〉だった。短い半生は、反ファシズム活動と投獄・流刑の繰り返しに費やされるが、その中にあっても精力的にエイナウディ出版社の始動時を牽引した。ロシア文学の研究者・翻訳者として大成する期待を抱かせながらも、自身の表現活動を十全に開花させる前に、この現実に否応なく対峙した行為者として生半ばで獄死する。

後世の私たちの目からは、一見交わることのないように思われるこのふたりを同じ土俵に繋ぎとめておいたのは、エイナウディ出版社という共通の枠の存在であろう。サブタイトルに挙げられた最後のひとり、前のふたりより幾分年少で、高校時代には「モンティの周りに集まる修道会のような雰囲気」（ボッビオ）の年長者とはいささか距離をとっていたジュリオ・エイナウディが、このふたりを引き込んで出版社を立ち上げたことは先にも述べた。著名な経済学者で、戦後初代大統領になる父を持つ彼は、そのような出自の醸成する種のカリスマ性を備え、反権力への意志とブルジョア的横暴さを（当人としては）矛盾なく併せ持つ人物でもある。その一方向に要約できない個性があったればこそ、方向性も個性も異なる人物たちをエイナウディ社という一点に集約できたのかもしれない。本書はその彼を座標軸とし、出版社をいわば座標面とする形で叙述を進めていく。その座標面上に個性もの生との向き合い方も異なる登場人物それぞれの活動が配される。ただし、エイナウディ自身、不動の座標軸ではなく、同様に揺れ動いて他の人物の位置関係にも変化をもたらしながら、社をイタリア文化の一翼を担う存在へと仕立てるのである。

以上の三人の生と活動を中心に、エイナウディ出版社の盛衰に多くの人々の横糸が絡んで織りなす本書の物語は、「言葉の消耗と文化の喪失に対して、エイナウディ社はカルヴィーノの死の直前まで防波堤をなしていた」と記したイタロ・カルヴィーノに当てた章をもって終わる。

本書の書かれた時期から、すでに一〇年が経過した。著者は、「ベルルスコーニのどぎつく、華々しくも卑俗なテレビ・イタリアの中で文字は意味を失った」という認識を語っているが、この間に表現媒体も既存のメディアからインターネットに軸足を移し、SNS等による個人の発信が当時とは比べられないほど表現世界の景色を変えている。それに伴って、権力との対峙や権力によるメディア操作とは別種の、言語表現に伏在するネガティヴな側面を顕在化するようになった。本書に描かれた時代には予測もつかなかった新たな事態の登場である。公共圏における根拠と責任のある議論風土の存立が問われている今日、「引き出し可能」なビアンカマーノ街の遺産をどのように引き出して個人のメディア・モラルに繋げていくか。それが、本書によって読者それぞれに委ねらえたひとつの続編となるはずである。

本書には、当事者たちの公刊された書簡や日記はもとより、一般読者には閲覧が容易でない新聞・雑誌掲載文、業務書簡や査読報告、さらには著者自身による関係者へのインタビューによる証言までおびただしい引用が織り込まれている。それが本書を貴重なものにしていることを付言しておきたい。個人的な読書であった本書をあえて翻訳・公刊しようと思い立ったのもこの理由による。なお、この日本語版を作成するにあたっては、エイナウディ関係者の活動と表裏をなすイタリア史との対比を一覧にした年表と人名索引のみ補った。

担当して下さったのは、訳者より二回り以上は若い武居満彦氏である。訳文の癖が幾分かでも緩和されて読みやすくなっているとしたら、それは氏のおかげである。

佐藤茂樹

二〇二一年二月

人名索引

称号や出身地他に由来する家名の部分は、原則としてファーストネームの後に付したが、慣例がある場合にはその見出しも併記した。なお、太字は、エイナウディ出版社と特に関わりの深い人物である。

カ

キ

ク

ケ

コ

サ

シ

レ

ロ

ワ

著者　**マイケ・アルバート**（Maike Albath）
1966年、ブラウンシュヴァイクに生まれる。1998年、イタリア詩人アンドレア・ツァンツォットの研究で博士の学位取得。1993年よりジャーナリストとして活動し、新チューリヒ新聞、フランクフルト展望、南ドイツ新聞等、ドイツ語圏を代表するクオリティ紙誌に寄稿。2002年、アルフレート・ケル賞受賞。2015年よりライプツィヒ書籍見本市審査員を務める。著書：『ツァンツォットの三部作』（チュービンゲン、1998）、『ローマ　モラヴィア、パソリーニ、ガッダの夢と甘い生活の時代』（ベルリン、2010）、『イタロ・スヴェーヴォ』（ベルリン、2015）、『悲しみと明かり』（ベルリン、2019）など。現在、ベルリン在住。

訳者　**佐藤茂樹**（さとう・しげき）
慶應義塾大学大学院文学研究科博士課程単位取得退学。現職：関東学院大学国際文化学部比較文化学科教授。専門は、ドイツ文化史および比較文化史。主な著訳書：『キリスト教シンボル事典』（共訳、八坂書房、1994）、『もうひとりのグリム』（共編訳、北星堂書店、1998）、『比較文化をいかに学ぶか』（共編著、明石書店、2009）、『ドイツ児童書の社会史』（明石書店、2013）、『比較文化事典』（編共著、明石書店、2015）、『ディルタイ全集第五巻　詩学・美学論集』（共訳、法政大学出版局、2016）他。

トリノの精神
――現代イタリアの出版文化を築いた人々

二〇二一年三月一五日　初版第一刷発行

著　者――マイケ・アルバート
訳　者――佐藤茂樹
発行者――大江道雅
発行所――株式会社 明石書店
〒一〇一―〇〇二一　東京都千代田区外神田六―九―五
電　話　〇三―五八一八―一一七一
FAX　〇三―五八一八―一一七四
振　替　〇〇一〇〇―七―二四五〇五
https://www.akashi.co.jp
装幀　明石書店デザイン室
印刷　株式会社文化カラー印刷
製本　本間製本株式会社

（定価はカバーに表示してあります）
ISBN 978-4-7503-5147-6